D1731686

„Nein", sagte der kleine Prinz, „ich suche Freunde. Was heißt ‚zähmen'?"

„Das ist eine in Vergessenheit geratene Sache", sagte der Fuchs. „Es bedeutet: sich ‚vertraut machen'."

„Vertraut machen?"

„Gewiß", sagte der Fuchs. „Du bist für mich noch nichts als ein kleiner Knabe, der hunderttausend kleinen Knaben völlig gleicht. Ich brauche dich nicht, und du brauchst mich ebenso wenig. Ich bin für dich nur ein Fuchs, der hunderttausend Füchsen gleicht. Aber wenn du mich zähmst, werden wir einander brauchen. Du wirst für mich einzig sein in der Welt ...

„Du bist zeitlebens für das verantwortlich, was du dir vertraut gemacht hast ..."

Aus „Der kleine Prinz" v. Antoine de Saint - Exupéry

Ruthild Siegert

Zeitlebens verantwortlich

Ein Buch für Tierfreunde

Alligator Verlag Chemnitz
Enzmannstraße 15
09112 Chemnitz
Verlagsnummer: 3-934082
Umschlaggestaltung: Holger Weigelt
Umschlagfoto: Ruthild Siegert und Ivo vom Steinhäuschen
Offsetdruck: Druckerei Schulze Chemnitz
1.Auflage 1999
Alle Rechte vorbehalten
Printed in Germany

ISBN 3-934082-01-7

Zu Beginn des neuen Jahres, des Jahres 1988, entschloss ich mich, die Erlebnisse mit Hunden in meinem Leben aufzuschreiben. Ich möchte diese Aufzeichnungen allen Tierfreunden widmen. Es ist mir ein Bedürfnis, durch die kritisch und selbstkritisch niedergeschriebenen Erinnerungen einen Beitrag zur Entwicklung des Verantwortungsbewusstseins der Menschen gegenüber der ihnen anvertrauten Tiere zu leisten. Ich bin keine Schriftstellerin und bin sicher, dass meine Niederschrift im Vergleich zu anderen Tiergeschichten nur einen winzigen Beitrag zur Erziehung zur Tierliebe darstellen kann. Aber ich glaube an die Worte Dr. Albert Schweizers: „Das Wenige, was du tun kannst, ist viel." Ich wünsche mir, dass meine Niederschriften einen großen Leserkreis erreichen, dass die Leser aus meinen Erlebnissen und Erfahrungen, aus meinen Fehlern lernen zum Wohle der Tiere, die sie sich vertraut gemacht haben und für die sie höchste Verantwortung tragen. Ich möchte an alle Hundebesitzer, die Züchter, an alle Menschen, die Tiere zu hegen und zu pflegen haben, appellieren zu überprüfen, ob sie verantwortlich handeln. Das beginnt bei der so genannten „Anschaffung" eines Tieres, für die die erforderlichen Bedingungen gegeben sein müssen, bis zu den „Geschäften" mit Tieren, wobei ich den Hund, als eines der beliebtesten Tiere, in den Vordergrund stellen möchte.

Welche Bedingungen müssen zur Hundehaltung gegeben sein? Viele Fachbücher geben darüber Auskunft, und der Hundehalter, besonders der zukünftige, sollte solche Bücher sehr aufmerksam studieren. Auf einige Schwerpunkte möchte ich eingehen. In erster Linie ist zu bedenken, dass der Hund, wie seine Vorfahren, im Rudel zu leben gewöhnt ist und dass er als Haustier einen sehr engen Kontakt zu den Menschen, die ihn aufnehmen, zu seinen „Rudelmitgliedern", benötigt, um sich physisch und psychisch überhaupt entwickeln zu können. Ein Hund kann also nicht wie ein Kaninchen gehalten werden! Es geht nicht an, ihn nur im Zwinger oder etwa gar angekettet an einer Hundehütte zu halten, ohne den engen Kontakt zu dem Menschen, der mit ihm spricht, ihn abliebelt, ihn spüren lässt, dass er, der Mensch, nicht nur sein „Leittier", sondern guter Kamerad ist.

Ferner ist unbedingt die regelmäßige Futterversorgung abzusichern. Der Hund ist in erster Linie Fleischfresser und eben kein Schwein, das auch Reste vom Mittagessen zu seiner Ernährung aufnehmen kann. Ein Hund muss mehrmals am Tag frisches Trinkwasser erhalten. Er nimmt es ja nicht nur auf, um seinen Durst zu löschen, sondern auch, um zur Erfrischung seinen Fang darin zu spülen! Schließlich ist zu bedenken, dass jeder Hund, ganz besonders der großrassige, sehr viel Auslauf benötigt. Spaziergänge, auch wenn auf großem Grundstück Auslauf möglich ist, sind unerlässlich. Zum einen dienen sie der zusätzlichen Bewegung des Tieres, zum anderen bieten sie ihm Gelegenheit, die Umwelt kennen zu lernen, was für seine Entwicklung sehr wichtig ist. Außerdem ist dem Menschen die Möglichkeit gegeben, sich ausgiebig mit seinem Hund zu beschäftigen, ihn noch besser kennen zu lernen.

Bei der Wahl eines Hundes sollte man sich gut überlegen, ob Größe, Pflegeaufwand und Temperament den Bedingungen, die man an die Aufnahme des neuen Familienmitgliedes stellen muss, entsprechen und sich durch Fachliteratur und Züchter genauestens informieren. Und beachten sollte jeder, dass man einen Hund niemals als „Geschenk" verwenden sollte, schon gar nicht als Spielzeug! Unsere Hunde sind uns Menschen ausgeliefert. Sie wollen uns mit ihrer unendlichen Liebe und Treue dienen. Wie viel Zuwendung erwarten sie vom Menschen, und wie bitter werden sie oft enttäuscht! Die Palette, durch die der Mensch seine Macht über das Tier demonstriert, reicht von der unüberlegten Aufnahme in die Familie, der verantwortungslosen Haltung bis zur Tierquälerei. Das sollte uns Tierfreunden doch zu denken geben und uns beunruhigen, denn: „Du bist zeitlebens für das verantwortlich, was du dir vertraut gemacht hast!"

Die Enttäuschung

In meiner Kindheit waren Plüschtiere mein liebstes Spielzeug. Zwei Puppen gab es nur in meinem Leben, die erste bekam ich, als ich 10 Jahre alt war, die zweite, größere Puppe bekam ich mit 14 Jahren. Diese hatte ich mir gewünscht. (Sie wurde 1945 gegen einen Leiterwagen eingetauscht, mit dem wir die Evakuierung organisierten.)

Wie aber liebte ich meinen Teddy, die Hunde und andere Stofftiere, auch ein winziger Glashund, „Bonzo", war darunter! Eine Katze, einen Vogel, weiße Mäuse hatten wir durch meine tierlieben Eltern schon immer gehabt, aber noch niemals war mein innigster Wunsch, einen Hund zu besitzen, erfüllt worden, was durch das Wohnen in Mietwohnungen, in denen wir vier Kinder uns kaum rühren durften wie wir wollten, auch unmöglich war. Als wir einige Jahre vor Kriegsbeginn siedelten, sollte dieser lang gehegte Wunsch bald in Erfüllung gehen. Denn, wie ein altes tschechisches Sprichwort sagt: „Auf dem Hof ein Hund, lebt man gesund!"

Doch zunächst hatten meine Eltern mit dem Sieben-Personen-Haushalt andere Sorgen, als unseren Herzenswunsch zu erfüllen. (Es war enorm, was unsere Mutter – ohne die Technik, wie sie heute den Hausfrauen zur Verfügung steht – zu leisten hatte.) Federvieh wurde angeschafft. Mit viel Liebe und Hingabe „züchtete" unsere Mutter ganze Familien von Gänsen, Enten, Hühnern und Puten, denn sie sollten außer der Freude, die sie bereiteten, die Ernährung der Familie bereichern. So begnügte ich mich damit, Leute aufzusuchen, die einen Hund besaßen, um diesen „auszuführen", was mich sehr beglückte. (Da fällt mir eben ein, dass ich mich schon viel früher darin versucht hatte, zum Leidwesen meines Onkels in Görlitz. Damals war ich, ohne sein Wissen, mit einen großen Schäferhund, der als Polizeihund ausgebildet und recht scharf war, durch Görlitz gezogen, überglücklich, dass er mir gehorchte. (Halten hätte ich ihn nicht können, wenn er nicht pariert hätte!)

Und dann kam der 1. September 1939. Es gab Lebensmittelkarten, und trotz des Obstes, des Gemüses und des Federviehs, sowie der großartigen Kochkunst unserer Mutter, wurden wir vier Rangen nicht mehr satt. Die Erfüllung meines innigsten Wunsches rückte in weite Ferne. Und doch versuchten die Eltern, uns zu einem Weihnachtsfest eine besondere Freude zu bereiten. Den ganzen Nachmittag waren wir kaum zu bändigen, erwarteten wir doch, als ein Mann mit einer Kiste auf der Schulter am Weihnachtstag am Küchenfenster vorbeikam, den so langersehnten Hund! Wir konnten diesmal nicht erwarten, aus der „Christnacht" heimzukommen und konnten vor Aufregung kaum das beliebte Heiligabend-Essen verzehren. Endlich war es soweit. Wir hatten, bevor wir den Eltern unsere Geschenke überreichten, unser Programm zur Weihnacht vorgeführt, und nun öffnete sich die Stubentür, und Mutter kam herein, eine langhaarige, silberfarbene Katze auf der Schulter.

Mutter hatte sich, die näheren Umstände sind mir unbekannt, eine Chinchilla-Katze zusenden lassen „Bessy von Donnersberg". Diese war zu dem Zeitpunkt ca. 13 Jahre alt und sollte wohl bei uns das Gnadenbrot bekommen. (Es wäre besser gewesen, das Tier in diesem Alter nicht mehr in andere Hände zu geben.)

Mit seinen großen Augen blickte es entsetzt auf uns, auf den Lichterbaum und wäre am liebsten wieder geflüchtet. Ich stand wie versteinert. Kein Hund! Kein Hund! Bloß ... eine Katze! Es dauerte eine Weile, bis ich mich von der Enttäuschung erholt hatte und, um meinen Eltern die Freude nicht zu verderben (ich habe ja auch Katzen sehr gern), Freude zeigte. Bessy gewöhnte sich nicht mehr an uns. Außer der fehlenden Fleischnahrung, die wir ihr nicht in dem Maße geben konnten, wie sie diese benötigt hätte, schien sie seelisch, aber wohl auch, physisch zu leiden. Sie fraß nicht mehr, magerte stark ab und starb. Ein Tierarzt zur damaligen Zeit war kaum erreichbar und hätte vielleicht auch nicht mehr helfen können. Ich empfand die Traurigkeit damals nicht so heftig wie heute.

Lumpi

Dieses traurige Ereignis war Anlass genug, zunächst auf die Aufnahme eines vierbeinigen Hausgenossen zu verzichten. Aber eines Tages – mein Vater hatte in seiner Kindheit und Jugendzeit Dackel als Spielgefährten gehabt – sprach mein Vater davon, dass er einen „gelben Dackel" in Bad Muskau von Bekannten bekommen könnte. Und so kam eines Tages tatsächlich ein noch sehr junger Langhaardackel ins Haus. Ich war am Ziel meiner Wünsche angelangt. Die Freude war kaum zu beschreiben, die ich bei seinem Anblick empfand. „Lumpi" wurde er genannt. Wie treffend der Name war, stellte sich erst später heraus. Zunächst überraschte er uns mit einer großen Pfütze in der Küche, zum Kummer meiner Mutter. Aber bald lernte er, dieses und andere „Geschäfte" in unserem großen Garten am Haus zu verrichten. Er wuchs zu einem prächtigen Dackel heran, der über die sorgfältig gepflegten Blumen- und Gemüsebeete fegte, immer am Zaun entlang, wenn er auf den Grundstücken der Nachbarn jemanden sah, der „verdächtig" erschien. (Das Geflügel erhielt ein großes Gehege und war so vor ihm sicher.) So machte er sich bei den Nachbarn bald unbeliebt. Und als er nun auch noch bei Gelegenheit von einem jungen Mitbewohner auf unserem Lönshof verärgert worden war, ohne sich dagegen wehren zu können, vergrößerte sich sein Zorn gegen alle Zweibeiner, die nicht zu unserem Rudel gehörten. Einmal begegneten wir, Lumpi und ich, auf einem Spaziergang jenem Mann, und als er soeben an uns vorbeigegangen war, drehte sich Lumpi blitzschnell um und biss ihn ins Bein. Lumpi schien der geborene Jagdhund zu sein und hätte, wie es einem Dackel zukommt, sich auch als solcher betätigen müssen. Diese „Arbeit" konnten wir ihm nicht verschaffen. Es gab bald Ärger in der Nachbarschaft wegen der Bellerei und seines Jagdeifers. Ich, der ihn hätte doch erziehen und beschäftigen müssen, absolvierte damals gerade meine Pflichtjahre in einem fremden Haushalt und auch sonst blieb keinem in der Familie Zeit und Muße, dem Burschen die richtige Erziehung angedeihen zu lassen. Da Lumpi keine geeigneten Objekte fand, auf die er hätte Jagd machen können, „beschränkte" er sich auf Motorräder, Autos und Radfahrer. Und als ich eines Abends heimkam, ein Päckchen mit leckeren Knochen in der Hand für Lumpi, war dieser nicht mehr da. „Wir haben Lumpi zu einem Förster gegeben", tröstete mich meine Mutter, „dort kann er mit in den Wald gehen und arbeiten wie er es braucht". Es war nun still geworden auf unserem Lönshof. Die Nachbarn grüßten wieder freundlich. Man konnte am Zaun stehen und sich unterhalten. Das Geflügel, vor allem die Glucke mit ihren Küken, konnte wieder durch den Garten wandern. Die Beete blieben ordentlich – aber ... kein Hund mehr da! Lange Zeit verschwieg uns unsere Mutter die Anschrift des Försters, aber als ich immer wieder unter Tränen bettelte, verriet sie uns, wo sein neues Zuhause war. Das Haus lag etwa 4km vom Lönshof entfernt, und eines Tages machte ich mich per Fahrrad auf den Weg zu Lumpi. Mir erschien die Fahrt sehr lang, aber die Sehnsucht trieb mich vorwärts.

Als ich endlich am Ziel angelangt war, sah ich ihn! Sein rötliches Fell glänzte in der Sonne. Ich weinte bitterlich. Aber, getreu dem Versprechen, das ich Mutter gegeben hatte, rief ich ihn nicht an und begab mich einige Minuten später wieder auf den Heimweg.

In mein Tagebuch schrieb ich: Ich habe Lumpi gesehen. Er lag in der Sonne. Die Sehnsucht, ihn wieder zu sehen wuchs, der Wunsch, Lumpi streicheln zu können, wurde immer größer. Schließlich wurde mir dieser Wunsch erfüllt. Wie groß war die Wiedersehensfreude! Der nette Förster und seine Familie hatten Verständnis für meinen Kummer. Ich durfte nun öfter kommen, um Lumpi zu besuchen. Aber wie das so ist im Leben, kam danach der Wunsch, den Hund für einige Tage mit heim auf den Lönshof nehmen zu dürfen. Auch dafür zeigte der gute Mann Verständnis. Im Winter zogen mein Bruder und ich per Rad und Schlitten mit einem großen Reisekorb los, um Lumpi zu holen. Lumpi verhielt sich auf dem Transport ganz brav. Er hatte nun gelernt zu gehorchen. Er freute sich, sein altes „Rudel" wieder zu sehen und störte und ärgerte niemanden. Stolz ging ich mit ihm ins Fotoatelier und ließ ihn fotografieren. Bald aber kam die Stunde des Abschieds. Wir brachten ihn schweren Herzens zurück, den Förster bittend, er möge ihn uns wiedergeben. Diese Bitte erfüllte er uns aber nicht.

In dieser für mich so schmerzlichen Zeit schrieb ich an den bekannten Tierschriftsteller Paul Eipper, dessen Bücher, vor allem „Gelbe Dogge Senta", ich mit großem Interesse gelesen hatte und bekam einen langen Antwortbrief, den ich noch heute besitze. Dies war der Anfang eines jahrelangen herzlichen Briefwechsels.

In diesem ersten Brief schrieb Paul Eipper u.a.: „Ihr Leben liegt ja noch vor Ihnen, Sie werden gewiss noch andere Tierfreundschaften finden, und ich wünsche Ihnen, Sie mögen aus der mit Lumpi lernen, dass ein Tierfreund niemals sein Haustier wieder weggeben darf, das er einmal an sich herangezogen hat."

Ali von Schönberg

Es muss wohl an meinem beharrlichen Drängeln und Bitten gelegen haben, dass sich meine Eltern überreden ließen, es noch einmal mit einem Hund zu versuchen. So kam eines Abends Ali zu uns, ein putziges weißes Wichtlein mit schwarzweiß geteiltem Köpfchen, je einem hellbraunen Fleck über den blitzenden Äuglein – ein Drahthaarfoxterrier, der erste Rassehund, einer mit „Papieren". Meine Eltern hatten ihn in der Nähe von Görlitz gekauft, und nun saß er vor uns. Er bekam Milch und wir knieten um ihn herum. Das Donnerwetter, das Vater über uns ergehen ließ, weil wir vergessen hatten, ein Brot beim Bäcker zu holen, prallte an der übergroßen Freude ab, die wir bei Alis Anblick empfanden. Während die Eltern den Stammbaum, oder besser die Ahnentafel Alis studierten, in der außer Alis Name lauter englische Namen standen, beschäftigten meine Brüder und ich uns mit dem niedlichen kleinen Kerl. Die erste Nacht hatten wir alle Kummer: Ali, weil er Mutter und Geschwister vermisste, und wir, weil wir zunächst nicht schlafen gehen konnten, denn Ali, der es

sich auf dem Sofa bequem gemacht hatte, forderte, dass mindestens einer aus der Familie ganz dicht bei ihm sitzen blieb. Diese Aufgabe überließen die Eltern natürlich uns Kindern, hatten wir uns doch ab sofort für Ali verantwortlich zu fühlen, und das hieß Opfer bringen. Meine Brüder, dieses langweiligen Geschäfts bald müde, überließen mir die Angelegenheit. Sobald ich mich vorsichtig davonstehlen wollte, erwachte er und begann jämmerlich zu greinen. Nachdem ich bis spät in die Nacht so gesessen und mich nach meinem Bett gesehnt hatte, war Ali endlich eingeschlummert. Hätte er ein Spielzeug, eine Decke oder einen Lumpen aus der „Kinderstube", etwas, das nach seiner Mutter und dem alten Zuhause duftet, bei sich gehabt, wie gute Züchter das beim Welpenverkauf mitzugeben pflegen, hätte er gewiss weniger Kummer gelitten. Doch am nächsten Tag, als der große Tummelplatz, der Garten, die neuen Räume und vor allem die anwesenden Katzen ihn zu fröhlichem Spiel lockten, als er mit großem Interesse seine neue Welt zu erforschen begann, war alles wieder gut. Unsere Mutter zeigte uns, wie wir ihn aufnehmen (niemals im Genick) und wie wir ihn tragen sollten, sagte uns, dass er wegen der noch weichen Knochen nicht allzu oft die 14 Treppenstufen hinaufhüpfen sollte und berichtete, welche guten Ratschläge der Züchter ihr gegeben hatte.
Ali wuchs zu einem bildschönen, besonders gelehrigen Terrier heran, der uns viel Freude bereitete. Kaum konnte ich den Tag erwarten, an dem ich, ihn stolz an der Leine führend, zum ersten Mal einkaufen gehen durfte. Der Schuhmacher, zu dem ich Ali einmal mitnahm, fragte: „Ist das eine Katze oder ein Hund?" Da ich doch so stolz auf Ali war, tat mir diese Frage sehr weh, sodass ich mich noch heute an diesen Menschen und seine Worte erinnere. Ali lernte freudig und schnell, was man ihm beibrachte. Er ging brav bei Fuß, streckenweise auch unangeleint, und hörte aufs Wort. Auf seinen geliebten Waldspaziergängen, die ich mit ihm in dem damals noch so nahe gelegenen Wald unternahm, forderte ich ihn zuweilen auf sitzen zu bleiben, entfernte mich so weit, dass wir einander nicht mehr sehen konnten und zählte dann sehr laut und langsam bis drei. Bei dem Wort drei durfte er loslaufen, und

pfeilschnell schoss er auf mich zu, um abgeliebelt und gelobt zu werden. Ali konnte auch „singen", nein, nicht heulen, sondern summen, so könnte man seinen Gesang nennen. Ich summte eine Melodie oder blies auf der Mundharmonika, und Ali summte in hohen und tiefen Tönen dazu. (Das wäre eine Vorstellung für „Außenseiter – Spitzenreiter" gewesen, hätte es diese Sendung schon damals gegeben.) Ich möchte noch einmal betonen, dass Ali sehr gern lernte, ohne starken Zwang. Es war alles wie ein fröhliches Spiel, was wir beide da vollbrachten. Appetit hatte Ali stets. Im Krieg sind die Essenrationen knapp, auch für einen Hund. Wenn Ali die Brotmaschine gehen hörte, eilte er schnell herbei, um zusätzlich etwas Fressbares zu erwerben. Er saß dann aufmerksam, leise knurrend, da und wartete auf die abfallenden Krumen, und so verhielt es sich auch, wenn Mutter vom frisch gebackenen Obstkuchen am Sonnabend die Ränder für Ali abschnitt. Mit bösem Knurren vertrieb Ali die Katzen, biss sogar um sich, denn beim Kampf um das Futter hörte alle Freundschaft auf. Ertönte mein Pfiff und der Ruf: „Kartoffelsupp, Kartoffelsupp...!" kamen nicht nur Ali, sondern auch die Katzen rasch über die Zäune geklettert, denn dann waren alle Vierbeiner zum Schmaus eingeladen.

Eines Tages brachte Mutter vom Jahrmarkt eine Schildkröte mit. Ich hatte gehört, dass der Name einer solchen möglichst S- oder Zischlaute enthalten sollte, damit sie auf den Ruf ihres Namens reagiere. Ich nannte sie „Tessi". Tessi wanderte gern durch ihr großes Reich, aber ich musste Acht geben, dass sie nicht beim Nachbarn landete. Konnte ich sie im hohen Gras nicht entdecken, brauchte ich nur Ali zuzurufen: „Such Tessi!" Im Nu hatte er sie gefunden und zeigte mir das an, indem er still bei ihr wartete, bis ich kam. Tessi grub sich, wie das Schildkröten ja gerne tun, öfters ein. Dann grub Ali sie auf meinen Befehl hin vorsichtig wieder aus. Manchmal entdeckte ich ihn, wie er mit vorgestrecktem Kopf still dasaß. Kam ich näher, knurrte er leise. Er hatte den Kopf auf Tessis Panzer gelegt und bewachte sie so. Einmal sichelte ich Gras. Plötzlich hörte ich Ali lebhaft bellen und sah, wie er wild auf einer Stelle „herumzutanzen" schien. Er mühte sich, etwas wegzuschieben. Je näher ich mit meiner Sichel kam, desto aufgeregter gebärdete er sich. Und dann erkannte ich, dass es Tessi war, die er wegschieben wollte, da sie sich in einer Gefahrenzone befand, nämlich in dem Wiesenstück, das ich abzumähen mir eben vorgenommen hatte. So bewachte er auch gern andere Haustiere, sofern sie es sich gefallen ließen. Das tat er sogar dort, wo ein Entlein oder Küken begraben worden war. Nicht einmal mich ließ er heran, und ich musste ihn dann energisch wegrufen.

Nun ist es ja Mode, dass ein Terrier von Zeit zu Zeit eine Schur bzw. das Trimmen über sich ergehen lassen muss (genau wie in frühester Kindheit das Kupieren der Rute), soll er dem Standard entsprechen. Also fuhr meine Mutter per Eisenbahn mit dem struppigen Ali nach Görlitz, wo ein Mann in seinem Garten diese Arbeit zu verrichten pflegte. Als Ali wiedererschien, noch mit kummervollen Augen wegen der erlittenen Prozedur, aber schön wie ein Meißner Porzellanhund, war ich begeistert. Beim zweiten Mal, als Trimmen angesagt war, fuhr ich mit. Der Mann putzte, schabte und schnitt an Ali, der zitternd auf einem alten Gartentisch stand, herum und schimpfte, wobei er ihn ab und zu schubste und stupste. Ali hatte sein Köpfchen, nachdem der Mann es hübsch hergerichtet hatte, in den Falten meines Mantels versteckt, während ich Ali hielt. Von Zeit zu Zeit seufzte er leise und feucht dort hinein. Mir tat das Herz vor Kummer weh. Zu Hause angekommen, versicherte ich den Eltern, das Trimmen nunmehr selbst zu übernehmen. Und seitdem trimmte ich Ali mit Messer und Schere, ohne dass er und ich dabei Angst auszustehen hatten. Es gelang uns von Mal zu Mal besser. Was für ein schönes Köpfchen (Ali war ein sehr kleiner Terrier) kam dabei zu Stande! Was für ein prächtiger Bart! Nur schade, dass dabei die hellbraunen Haarringe über den Augen, die sich so ringelten, als trüge Ali eine Brille, der Schere zum Opfer fallen mussten. Als ich ihn nun, so schmuck zurechtgemacht, ausführte, blieben manche Menschen stehen und sagten bewundernd: „Was für ein hübscher Hund!" Es dauerte nicht lange, da wurde ich bald von dem einen oder anderen Hundebesitzer gebeten, bei seinem Terrier das Trimmen zu übernehmen, was ich auch mit Freuden tat. Bis aus Görlitz, wo Ali einstmals getrimmt worden war, kam ein Fräulein mit ihrem ebenfalls bildschönen Schottenterrier und ließ ihn von mir für eine Ausstellung herrichten.

Eine Hundeausstellung fand während des Krieges auch in Weißwasser auf dem Platz beim Turnerheim statt. Ich meldete Ali an. Natürlich wurde er für dieses Ereignis besonders schmuck und, wie ich mir einbildete, fehlerlos zurechtgemacht. Schneeweiß und fein gebürstet musste er sich im Garten aufhalten, bis seine Stunde gekommen war. Nun war damals unser Gartentor nicht immer geschlossen, sodass Ali schnell mal einen „Solo-Spaziergang" unternehmen konnte. Und so geschah es auch an jenem Tag eine Stunde vor dem Gang zur Ausstellung. Ali, das Schmuckstück, war weg! Ich rief und pfiff verzweifelt. Endlich erschien er in tiefster Demutshaltung, schmutzig und zerzaust. Wir kamen trotzdem noch rechtzeitig unter die Augen des strengen Richters. Ali erhielt das Prädikat „Gut", weil er nicht stark genug geschoren worden war. „Die Haut muss man schimmern sehen!" brummte der Richter hinter seinem Tisch. Und dann konnten wir gehen. Das war Alis erste und letzte Hundeausstellung gewesen.

Von den ersten Wochen an, als Ali in unsere Familie aufgenommen worden war, berichtete ich Paul Eipper über meinen Hund. So blieben wir vier Jahre durch einen herzlichen Briefwechsel untereinander verbunden. Auch als er nach Kriegsende, nun schon recht krank, im Allgäu ein neues Zuhause gefunden hatte, blieb dieser Kontakt bestehen.

Persönlich waren wir uns leider nie begegnet. Es wäre beinahe zu einer Begegnung gekommen, als Paul Eipper von Prof. Dr. Ullrich nach Dresden eingeladen worden war. Der plötzliche Tod Paul Eippers zerstörte auch diese Hoffnung. In einem seiner Briefe, die er immer mit „Dein PE" zu unterschreiben pflegte, fasste er meine Berichte über Ali in einem Aufsatz zusammen. Er hatte die Absicht geäußert, diesen Aufsatz im Rundfunk zu bringen oder in einem Buch erscheinen zu lassen. Den Aufsatz möchte ich an dieser Stelle einfügen, bevor ich weiter von Ali erzähle.

Der Hund Ali, von Paul Eipper

In der Obhut eines naturverbundenen Mädels wächst ein Hund heran, Ali, der weiße Drahthaarfox; das ist durchaus kein seltenes Ereignis! Doch die Beobachtung der nun schon 2 Jahre dauernden Freundschaft zeigte mir, dem gereiften Mann, mit besonderer Deutlichkeit den großen Einfluss tätiger Tierliebe auf die gesamte Wesensformung eines jugendlichen Menschen. Immerzu wechselnde Erlebnisse fördern die Entschlussfreudigkeit und das Einfühlen in die anders geartete Kreatur; der Pflichtenkreis vergrößert sich; aus dem Wissen um die persönliche Verantwortung entsteht taktvolle Rücksichtnahme, zugleich das Verlangen, sich selbst und dem Tier neue, erhöhte Aufgaben zu stellen.

Mit Spiel und Tollen fing es an; Ali war ja noch ein Welpe, als er zu seiner neuen Herrin kam. Für einen sechs Monate alten Terrier gibt es außer dem Futtern nur einen Drang: die Umwelt schnuppernd zu erforschen, sie alsbald und temperamentvoll auf den Kopf zu stellen. Was man mit den Zähnen packen kann, wird weggeschleppt; Stube und Küche sind gleichermaßen Tummelstätte für die purzelbaumschlagende, kleine Wollkugel, wie der Acker. Ali kennt keine Müdigkeit; schon beim ersten Morgengrauen weckt er seine Freundin mit herausforderndem Gebell. Schläge bekommt er nie. „Pfui, schäme dich!" genügt; der Ungehorsame wird zum reuigen Sünder: beide Ohren hängen und die schwarze Nase berührt fast den Fußboden. Aber insgeheim wartet das Stummelschwänzchen schon auf den Freudentanz und die Versöhnung.

So vergeht das erste Jahr; Ali ist nun derartig gut entwickelt und schön, dass er auf einer Rassehund-Ausstellung mit „Gut" abschneidet. Ihn kümmert es nicht; aber seine Freundin ist für lange Zeit stolz auf ihr Tier. Ein Glück, dass der Alltag für heitere Ablenkungen sorgt: Ali fährt besonders gern „Leiterwagen"; eines Abends holt das junge Mädel von der entfernten Wiese Heu, und Ali sitzt schön und hoheitsvoll oben auf der Fuhre. Es ist dunkel geworden; beim unsicheren Mondschein holpert der Wagen über Steine und Wurzeln. Bums! Die Ladung kippt links weg; der steif thronende Hund wird lautlos verschüttet. Das Mädchen an der Deichsel lacht aus vollem Hals und ruft immer wieder: „Ali, wo bist du?" Weil sich nichts rührt, wird das Menschenkind ängstlich und sucht: klein und verbittert steht Ali im Straßengraben; es braucht geraume Zeit und viel gutes Zureden, bis sein Gesicht den beleidigten Ausdruck wieder verliert. „Man soll nur nicht glauben, ein Tier sei ohne Ehrgefühl. Ich habe gelernt, dass man den Hund nicht auslachen darf."

Ali lernt auch; er hat bald tadellosen Gehorsam und wird ein liebes Mitglied der Menschenfamilie, begleitet seine junge Herrin auf allen Gängen über Land. Dabei merkt das Mädchen, dass er sich um jedes Hindernis drückt; kein Zureden hilft und kein geduldiges Bemühen. Schwänzchen gesenkt, macht Ali scheu einen Umweg, oder er setzt sich auf die Keulen und jammert.

„Das darf so nicht bleiben! Er wird allmählich ein Terrier - Mann, und ich will kein Schoßhündchen. Ali soll mutig sein und selbstbewusst, ein ganzer Kerl!" Rasch wird ein meterhohes Brett zusammengenagelt und im Garten aufgestellt. „Spring!" rief sie. Ali beguckte sich die Sache von vorn und hinten, schnuppert und – wahrhaftig – springt ohne Anlauf hinüber. Es gibt natürlich sofort eine Belohnung, und nun ist das Temperament nicht mehr zu bremsen. Von links und rechts jumpt er am Übungsbrett und bei jedem Spaziergang. Einen Monat später schafft Ali schon 2 m Höhe, was für einen kleinen Terrier durchaus beachtenswert ist. Mit dem Mut wächst auch seine Geschicklichkeit und sein Selbstvertrauen. Ein wenig Brot und gute Worte: Ali tänzelt auf allen vier Pfoten, schnieft, blinzelt nach oben und schnellt aus dem Stand auf einen hohen Tisch hinauf, freut sich über das ganze Gesicht.

Ein halbes Jahr später schrieb mir die begabte junge Tierhalterin: Ali hat jetzt eine wahre Besessenheit zu springen und zu klettern. Gestern übten wir an einer 5 bis 6 m tiefen, steil abfallenden Kiesgrube. Es fanden sich Zuschauer ein, die den kleinen Hund wie ein Wunder bestaunten. Ohne zu zögern sprang Ali in den Abgrund, kam tadellos auf die Pfoten, drehte sich um und kletterte geschmeidig wie eine Katze wieder empor. Ich selber war zuerst erschrocken und meinte, er würde mit kaputten Gliedern unten liegen bleiben. Im Gegenteil, 6 mal und noch mehr hat er den Sprung geschafft. Gleich einem Gummiball wippte er rauf und runter und bellte vor Begeisterung ganz schrill. Wie gut ist es doch, ein Tier von jung an zu einem mutigen und seiner Fähigkeit bewussten Kameraden zu erziehen, der durch dick und dünn mit dem Menschen geht!"

Man soll aber nicht glauben, Ali sei ein seelenloser Sportchampion geworden! Er hat ein zärtlickeitsbedürftiges Herz, und er ist ein vielseitiger Tierfreund. Mit den drei Katzen und den vielen Kaninchen des Hauses lebte er in schönster Harmonie. Mohrle und Ali schmeichelten sich manchmal den ganzen Abend in der Stube. Wenn der Terrier den alten Hans, das Pferd von der Brauerei, auf der Straße traf, gab er keine Ruhe, bis sich der große Pferdekopf herunterbeugte. Das struppige, weiße Wichtlein schnupperte verzückt an den weichen, warmen Nüstern und mochte gar nicht mehr fortgehen.

Seine erstaunlichste Freundschaft gehörte den Enten. Zwei ganz kleine genossen Alis besonderen Schutz. Stundenlang saß er neben ihrer Kiste, war glücklich, wenn er seinen Kopf durch die Maschen zwängen konnte und beleckte dann hingebungsvoll die gelben Federkugeln. Manchmal zupften die frechen „Gössel" an seinem Bart; es störte ihn nicht, im Gegenteil, er wollte ganz hinein in die Entenwohnung.

Einmal setzte ihn das Mädel samt zwei jungen Puten in die Kiste, ging ihrer Gartenarbeit nach und vergaß den Hund. Nach einer Stunde bot sich dieses Bild: Ali saß aufrecht im engen Raum, die Hinterbeine nach Terrierart seitwärts gestreckt und wackelte wie ein Großvater mit dem Kopf, während ihm die Entlein zwischen Bauch und Vorderbeinen umherliefen und die jungen Puten seinen Rücken besteigen wollten. Es war sicher sehr unbequem für ihn; aber sein Gesicht leuchtete so glücklich, dass die Tierfreundin ihn nur schweren Herzens herausholen konnte. Ali streckte sich gähnend und wollte sofort wieder zu seinen Pflegekindern.

Die Entlein starben leider. Man begrub sie hinten im Garten, und Ali saß mehrere Tage von früh bis spät, auch in der größten Hitze, am kleinen Hügel, verschmähte sein Mittagessen und das sonst so geliebte Wasser, knurrte jedermann böse an, der allzu dicht an seinem Wachposten vorbeikam. Schließlich lockte ihn das Mädchen doch ins Haus; er trank ein paar Schlucke, lief sofort zur Tür, wimmerte und flog über den Hof, setzte sich von neuen unter die Rhabarberblätter neben dem Grabhügel. Pausenlos hielt er den toten Entchen die Treue, manchmal drohte er vor Müdigkeit und Wärme einzunicken, schüttelte sich und reckte sofort den Kopf energisch empor.

Bis dann die Silber-Kanin-Häsin 7 Junge zur Welt brachte. Jetzt hat Ali ein neues, wichtiges Amt; er muss die jungen Kaninchen putzen und hüten, obwohl es der Mutter gar nicht recht ist."

Je erbitterter die deutschen Faschisten den furchtbaren 2. Weltkrieg fortsetzten, desto kleiner wurden für uns daheim die täglichen Essenrationen. Je näher die mächtige Welle der siegreichen Roten Armee heran rollte, desto häufiger und lauter wurde von der Evakuierung der Bevölkerung gesprochen. Das letzte Kriegs-Weihnachtsfest ging vorüber, und mit Bangen dachten wir an das neue Jahr, das Jahr 1945. Würde es den Völkern und uns den ersehnten Frieden bringen? Mitte Februar 1945 war deutlich das dumpfe Grollen der Geschütze im Osten von Weißwasser zu hören. Die Bewohner von Weißwasser wurden aufgefordert, sich auf die Evakuierung vorzubereiten. Mutter organisierte einen Leiterwagen und nähte aus Küchenhandtüchern Rucksäcke. Das letzte Geflügel wurde geschlachtet, Säcke, Bündel und Taschen wurden mit dem Nötigsten gepackt. Tagelang stand der übervolle Leiterwagen im Flur. Zwei Tage nach meinem 19. Geburtstag sollten wir irgendwohin transportiert werden. Der Abschied vom geliebten Lönshof und von unseren beiden Katzen war bitterschwer. Und was würde mit Ali geschehen? Ich wusste, dass viele Hundebesitzer ihre Tiere entweder getötet oder freigelassen hatten. Für mich stand fest: Ali kommt mit. Ich vergesse jenen Morgen nicht, an dem sich unser trauriger Zug den Lönshof hinunter bewegte. Niemand wagte es, sich noch einmal nach dem Haus umzudrehen. Ali lag mucksmäuschenstill hoch oben auf dem Leiterwagen, zugedeckt mit einer leichten

Decke, damit ihn niemand sehen konnte. Wussten wir doch nicht, ob wir ihn auf den Transport mitnehmen durften. Nachdem wir eine Weile vergeblich am heutigen Kulturhaus auf den versprochenen Bus gewartet hatten, begaben wir uns, schon jetzt völlig verwirrt, zum Bahnhof. Auf den Telegraphendrähten saßen Wellensittiche und Kanarienvögel fröhlich beieinander, nicht ahnend, dass sie die nächste Nacht vielleicht nicht mehr erleben würden. Hunde streunten umher, verzweifelt Herrchen oder Frauchen suchend. Wir zogen an den lächerlichen Panzersperren vorbei, an Läden, aus denen die Leute Eimer voll Marmelade und große Pakete Würfelzucker und anderes schleppten und gelangten mit unserer Fuhre endlich auf den Bahnsteig, an dem ein langer Güterzug stand. Immer drohender klang der nahe Geschützdonner und trieb zur Eile. Wir wurden samt unserem Gepäck in einen der vielen Wagen verfrachtet. Die linke und rechte Ecke waren bereits besetzt von drei Familien, die sich schon in einen heftigen Streit verwickelt hatten. So saßen wir nun auf Stroh, mit dem Rücken an die Schiebetüren gelehnt, die sich von Zeit zu Zeit langsam öffneten, sodass nicht nur die kalte Februarluft hereinströmte, sondern uns auch in die Gefahr versetzte, während der Fahrt rücklings aus dem Zug zu fallen. Ali, der bei mir unter der Decke steckte, war kaum zu sehen und überhaupt nicht zu hören, sodass sich niemand der Insassen beschweren konnte, zumal diese, vor allem die Kinder, für ausreichenden Lärm auf der langen Fahrt sorgten. Toiletten gab es nicht. Man kroch schnell unter den haltenden Wagon und war stets in Gefahr, vom Zug überrollt zu werden, da man nie wusste, wann er seine Fahrt fortsetzen würde.

Die erste Nacht, eine entsetzlich kalte Vollmondnacht, verbrachten wir, in Todesangst im Wagen hockend, bei Fliegeralarm auf dem Leipziger Bahnhof. Wohin hätten wir auch flüchten sollen? Unser kleiner Ali verhielt sich während der ganzen Tour so diszipliniert, dass niemals jemand an ihn als „blinder Passagier" Anstoß nahm. In der nächsten Nacht wurden wir im strömenden Regen in Coburg/Oberfranken ausgeladen. Verschiedene Schulen und zuletzt eine kleine Wohnung waren unsere Quartiere in den folgenden neun Flüchtlingsmonaten. Zuerst „bewohnten" wir mit mehreren anderen Familien einen großen Klassenraum. Unser Gepäck grenzte das Terrain ab, in dem wir uns bewegen durften. Ali wurde überall geduldet. Auch als er Läuse hatte, die ich sehr bald vernichten konnte, hatte niemand etwas gegen seine Anwesenheit. Ich brachte es fertig, ihn regelmäßig in einer Schüssel zu baden und irgendwo im Wald oder Park zu trimmen, sodass er angenehm auffiel, was uns, die wir von den Coburgern wie Zigeuner behandelt wurden, doch zu einem höheren Ansehen verhalf. Oft gingen wir, von großem Heimweh getrieben, im Hofgarten spazieren, wo es schon nach Frühling roch. Einmal passierte es, dass ein Herr, der Ali erblickte, ausrief: "Persil bleibt Persil!" Er kam näher und erkundigte sich, wo wir unseren Hund hätten trimmen lassen. Der alte Herr, der dies hier in Coburg früher getan hätte, sei gestorben. Als er nun erfuhr, dass ich dies selbst besorgte, bat er mich, auch seinen Hund zu trimmen. Ich vereinbarte mit ihm einen Termin und hatte in der ganzen Zeit unseres Flüchtlingsdaseins viele Kunden, sodass ich mir einen Terminkalender einrichten musste. Ich trimmte beispielsweise einen Schottenterrier der Liliputaner (sehr liebenswerte Menschen!) zwischen ihren Wohnwagen, den völlig verlausten Riesenschnauzer von Zigeunern, die mich dann fragten, ob ich auch ihre Schafe scheren könnte (was ich natürlich verneinen musste) und die belgischen Riesenpudel von großem Wert, die ich erst abends zu ihrem Besitzer zurückbringen durfte, weil die amerikanischen Besatzer (ich komme auf diese Zeit noch zurück) sehr interessiert auch an diesen „Kostbarkeiten" waren. Einmal trimmte ich einen schwarzen Riesenpudel, wie ich nie wieder einen gesehen habe. Zu ihm sollte ich, nachdem die Frisur fertig war, sagen: „Peter, geh nach Hause!" Das tat er dann auch. Manchmal erhielt ich etwas Geld, mal ein paar Mohrrüben, mal ein herzliches „Dankeschön". Schließlich war ich so kühn, am Rathaus einen Aushang anzubringen, der meine Trimm- und Scherdienste verkündete.

Der Krieg verschonte auch die schöne, alte Stadt Coburg nicht. Es kam die Zeit der Fliegeralarme mit ihrem grauenvollen, todbringenden Geheul und ihrem höhnischen Entwarnungsgetute. Die Amerikaner rückten an. Als wir, vom Fliegeralarm auf einem Spaziergang überrascht, in unser Quartier eilten, (unsere Familie war auf das ganze Haus verteilt) brannte das Dach. Eine Brandbombe hatte das Unglück verursacht. Ein großes Geschrei brach unter den Hausbewohnern aus. Eine Frau schrie: „Lassen Sie doch den dämlichen Hund los und helfen Sie lieber die Matratzen rauszutragen!" Ich ließ den „dämlichen Hund" nicht laufen und bemühte mich, beides „unter einen Hut" zu bringen, den geliebten Ali und die Matratzen.

Die Front rückte immer näher, und eines Tages krachte und rumste es bedenklich in unserer Nähe. Ich sah die Panzer der Wehrmacht in Richtung Hinterland davonfahren, und der Fliegeralarm sowie die Luftschutzwarte der Nazis trieben uns in die Keller der Häuser, wo wir Schutz finden sollten. Ich muss zugeben, dass der schmale Keller für die Hausbewohner und Flüchtlinge sehr eng war. Und als ich mit meinem Ali unterm Arm dort eintraf, ging ein großes, sehr böses Gezeter los: „Raus mit dem Hund! Der nimmt uns ja den ganzen Sauerstoff weg!" Ich verließ mit Ali den Keller und begab mich nach oben ins 1. Stockwerk, band ihn in der Küche am Schrank fest, schüttete ihm verzweifelt eine ganze Büchse Kekse, die ich gefunden hatte, hin und wollte, ihn leise tröstend, gehen, als er sogleich zu jammern begann, womit er völlig im Recht war. Schon splitterten die Scheiben des Küchenfensters, und im Nu sausten die Scherben in der Küche umher. Ich band meinen Ali los und verließ schnellstens die Küche. Meine Eltern hatten sich inzwischen große Sorgen um mich gemacht und riefen angstvoll nach mir. Im Flur auf einer der Treppen blieb ich neben Ali sitzen und sträubte mich entschieden, ihn zu verlassen. Plötzlich kam mein Bruder mit der guten Nachricht: „Wir können rüber in den Keller des Friseurs kommen! Der hat seinen Spitz auch mit im Keller." Und dort fanden wir, noch ehe es zu dunkeln begann, freundliche Aufnahme – mit Ali. In der Mitte des Raumes baumelte an der Decke eine Glühbirne. Wir konnten einander trotzdem kaum richtig erkennen. Angesichts der Gefahr, in der wir alle schwebten, verhielten sich auch die beiden Hunde ganz still.

Ein leises Gespräch kam zwischen den ängstlichen Menschen auf, als bekannt wurde, dass Coburg gegen die anrückenden US-Truppen verteidigt werden sollte und dass von der SS bereits Männer, die sich mit weißen Fahnen den amerikanischen Soldaten zu nähern versucht hatten, ermordet worden waren. Bald war das Gespräch wieder verstummt. Wir hofften von Herzen, lebend aus diesem Keller herauszukommen und auch am Leben bleiben zu dürfen, wollten wir doch auch unser geliebtes Zuhause in Weißwasser wieder sehen. Da krachte es plötzlich unheimlich, das Licht ging aus, Staub füllte den Keller! Einige Menschen schrien. Wir fielen vornüber von der Bank, und ich stürzte über Ali, den ich auf dem Schoß gehalten hatte, sodass er, von meinem Körper geschützt, unter mir lag. Er zitterte sehr. Als man uns ausgraben wollte, stellte sich heraus, dass zwar die Kellertür zugeschüttet gewesen war, wir aber mit einem furchtbaren Schrecken davongekommen waren, denn der Keller war nicht eingestürzt. Weinend vor Glück, begrüßten wir am frühen Morgen den lichten Tag und verließen unser Gefängnis. Wir konnten es kaum fassen, dass kein Schuss mehr fiel und Ruhe in die Stadt eingekehrt war. Überall sahen wir nun die amerikanischen Soldaten, die sich als Sieger betätigten. Um Ali musste ich mich sorgen, wenn ich einem von ihnen begegnete, denn sie suchten in ihrem Siegesrausch auch schöne Hunde als Maskottchen, u.a. auch für ihre Fahrzeuge, sogar für ihre Panzer. Einmal kamen meine Brüder aufgeregt von einem Spaziergang mit Ali zurück und berichteten, was amerikanische Soldaten ihnen für leckere Dinge angeboten hätten, um Ali zu bekommen. Selbstverständlich hatten meine Brüder dieses Ansinnen energisch abgelehnt und sich mit dem Hund schnellstens auf den Heimweg begeben. Doch dann passierte es später, dass ein betrunkener Soldat Ali zu entführen versuchte, indem er mir die Leine aus der Hand riss und den sich sträubenden Hund hinter sich herzog. Angstvoll liefen wir, meine Brüder und ich, hinterdrein. Wie es meinen Brüdern mit ihrem bisschen Schulenglisch gelungen war, den Mann zu bewegen, in Richtung unseres vorletzten Quartiers in Coburg, zu „schaukeln", weiß ich heute nicht mehr. Jedenfalls stapfte er mit Ali die Treppe in dem Haus hoch, indem sich unser „Zuhause" befand. Wir drei schlichen hinterher, blieben dann aber still zurück, denn es schien, als sei es meiner unerschrockenen Mutter in wenigen Minuten gelungen, dem Hünen Alis Leine aus der Hand zu nehmen und somit Ali zu retten. Glücklicherweise war er wohl ein gutmütiger Mensch, denn er kam, leise vor sich hinbrummend, die Treppen herunter und verschwand. Böse wäre die Sache u.a. ausgegangen, wenn er Ali angefasst hätte. Alis herzhaftes Zubeissen war nämlich durchaus recht schmerzhaft, wie ich wusste.

Unser letztes Quartier war eine Schule, wo wir wieder mit mehreren Familien in einem Klassenraum leben mussten. Unser „Lager" befand sich unterhalb der großen Tafel. Im Flur vor den stinkenden Toiletten stand ein eisernes Öfchen, auf dem nur ein Topf zum Essenkochen Platz fand. Das Holz zum Heizen holten wir aus dem Wald. Es war meine Spezialität, Holzstückchen vom Waldboden aufzulesen, und sehr rasch hatte ich den Sack, der auf ein kleines Wägelchen gepackt wurde, gefüllt. Nur war der Weg zum Wald weit, und ich war bei schönem Wetter glücklich, mich unterwegs in einem Waldsee erfrischen zu können. Ali kam immer mit auf Holzsuche. Während ich mich entkleidete und nahe dem Ufer ein Bad nahm, saß der wasserscheue Ali brav beim Wägelchen und bewachte das Kleiderbündel und den Sack voll Holz. Ich muss wohl einen guten Schutzengel gehabt haben, der mich sowohl vor dem Ertrinken (ich war Nichtschwimmerin und kannte den See auch nicht) als auch vor den Soldaten, die manchmal auf der nahe gelegenen Chaussee rasteten, bewahrt hatte. Mitunter fanden auf dieser Chaussee Kontrollen durch die Besatzer statt. Wir mussten ihnen unsere Ausweise vorzeigen. An einem sonnigen Tag, als ich mich wieder mit Ali auf dem Weg zum Wald befand, hielt mich ein Soldat an, der es sich in einem Korbsessel am Chausseerand bequem gemacht hatte, und verlangte meinen Ausweis. Es gab seinerseits nichts zu beanstanden, aber als ich eben weitergehen wollte, hob Ali sein Bein und hinterließ am Korbsessel seine Duftmarke. „Hic Fuit ... Ali", wie es zuweilen Till Eulenspiegel geschrieben haben soll, nachdem er einen Streich verübt hatte. Glücklicherweise hatte dieses Ereignis keine Folgen. Entweder hatte der „Kontrolleur" nichts davon bemerkt, weil er beschäftigt war, oder er maß der Sache keine so große Bedeutung bei, was ich allerdings bezweifelte.

Immer wieder zog es unsere ganze Familie hinaus in die Natur, raus aus der Enge des überfüllten Quartiers. Wir schauten traurig über die Zäune fremder Gärten, des eigenen sehnsuchtsvoll gedenkend. Wie gern glaubten wir den immer wiederkehrenden „Meldungen" von der Zusammenstellung eines Transports für alle die Menschen, die endlich heimkehren wollten. Rasch wurde dann gepackt, damit man uns bereitfände zur Heimkehr und – wieder ausgepackt, weil sich die Meldungen als falsch erwiesen. Als der Sommer zur Neige ging, wurde meinem Vater Arbeit und der Familie in Coburg eine Wohnung in Aussicht gesellt. Aber meine Mutter packte eines Tages einige für ihre große Wanderung in Richtung Heimat notwendige Sachen in einen Rucksack und begab sich voller Mut und Zuversicht auf die abenteuerliche Reise nach Weißwasser. Sie wollte wissen, ob unser liebes Haus noch bewohnbar war, ob wir wieder dort einziehen könnten. Sie kam zurück mit der für alle beglückenden Nachricht, dass, bis auf ein großes Loch im Dach, fensterlose, ausgeplünderte Räume und unvorstellbarer Schmutz alles in Ordnung sei und dass eine gute Seele dafür gesorgt hätte, dass sich die Nachricht: „Die Bewohner kommen ganz bestimmt zurück!" verbreitet hätte und das Haus so unbesetzt geblieben war.

Anfang November 1945 traten wir die Rückreise an. Wir fuhren in amerikanischen Militärzügen, in offenen Güterwagen, wurden von englischen Soldaten kurze Zeit in einem Lager fest gehalten, dort zu einem Transport zusammengestellt, saßen schließlich im Dresdener Hauptbahnhof, wo noch scharf geschossen wurde (wahrscheinlich auf allerlei Gesindel, das überall in dieser Zeit existierte) und gelangten schließlich über Görlitz in unsere geliebte Heimatstadt Weißwasser. Völlig erschöpft, aber überglücklich, schliefen wir die erste Nacht im Frieden daheim. Es machte uns nichts aus, auf dem Fußboden zu ruhen. Es war unsere glücklichste Nacht. Alles hatte Ali unbeschadet miterlebt. Und wie groß war auch seine Freude, als er beide Katzen wieder stürmisch begrüßen durfte. Neun Monate lang hatten die beiden dem Haus die Treue gehalten. Ali jagte mit ihnen durch den verwilderten Garten, frei vom Leinenzwang, und dehnte seine Spaziergänge leider auch wieder über die Grenzen des Grundstücks aus. So geschah es, dass er im Frühjahr 1946 eines Tages nicht mehr wie sonst auf den Lönshof zurückkehrte. Wir litten alle in dieser Zeit bitteren Hunger, auch Ali. Und so dienten seine Ausflüge in dieser Zeit nicht nur der Befriedigung seiner Bewegungslust, sondern auch der Suche nach Nahrung. Wir hoben ihm wie immer die Reste der rohen Kartoffeln auf, die wir in kochendes Wasser für eine Suppe gerieben hatten. Diese Reste für Ali wurden in einem kleinen Töpfchen gekocht. Wir hofften auf Alis Rückkehr und suchten nach ihm. Jedes weiße Fleckchen, das wir in der Ferne erblickten, wurde für uns zum Hoffnungsschimmer. In einem Laden in der Berliner Straße hing ein Zettel mit der Suchanzeige und der Beschreibung des Hundes sowie dem Versprechen, dem Finder als Belohnung ein kleines Päckchen Tabak zu übergeben. Sogar meine Schüler – ich war Neulehrerin geworden – suchten außerhalb der Unterrichtszeit fleißig nach Ali. Vergeblich alle Bemühungen, Ali wiederzufinden. Ali kam nie wieder. Ich bin sicher, dass sein Ende ein besonders trauriges gewesen war: viele Hunde in Weißwasser, das wusste ich, fielen in dieser Zeit den hungrigen Menschen zum Opfer. Das konnte ich nicht begreifen, hatten wir nicht auch furchtbaren Hunger gelitten? Wieviel hatten wir verloren durch unsere lange Abwesenheit von Haus und Grundstück! Mit dem Verlust Alis konnte ich mich sehr lange nicht abfinden. Einige Jahre sollten vergehen, bis es uns möglich war, wieder einen Hund aufzunehmen. Vergessen kann ich meinen Ali trotzdem nicht.

Arko

Eines Tages erfuhr ich, dass in unserem Ort eine Schäferhündin geworfen hatte. Ein Schäferhund war für mich schon immer der Inbegriff eines Hundes gewesen, dem für mich bis heute so interessanten Wolf ähnlich. Ich wagte es kaum, meinen Eltern gegenüber erneut den Wunsch zu äußern, wieder einen Hund ins Haus zu nehmen, noch dazu erstmalig einen einer großen Rasse. Außerdem war mir klar, dass die Haltung eines Schäferhundes ungewohnt hohe Ansprüche an mich stellen würde, durch die auch meine Eltern in „Mitleidenschaft" gezogen werden konnten. Hinzu kam, dass meine Freizeit als Lehrerin sehr beschränkt war. Ein Schäferhund muss „arbeiten", d.h. er muss als Dienst- und Gebrauchshund täglich sein Betätigungsfeld haben. Würde ich diese Aufgabe bewältigen können?

Mit dem Einverständnis meiner lieben Eltern und dem für den Kauf des Hundes notwendigen „Scheinchen" begab ich mich zu den Leuten, die die Welpen abzugeben beabsichtigten. „Es sind neun!", meinte die Frau, der ich aufgeregt gegenüberstand. „Wollen Sie einen Rüden oder eine Hündin?" „Einen Rüden ...", schluckte ich. Man brachte mir ein kleines Kerlchen mit quarkverschmiertem Schnäuzchen. Da saß es nun zu meinen Füßen, so schwächlich, dass es zumeist beim Versuch, aufzustehen in eine etwas unglückliche Sitzstellung zurückfiel. Ich hatte zwar beim Öffnen der Tür im Hof die Mama und einige quirlige Hündchen kurz erblickt, wagte jedoch nicht, die Bitte zu äußern, mir eines davon aussuchen zu dürfen wie das doch eigentlich beim Kauf eines Hundes üblich ist. Es war mein erster Hundekauf! Der kleine Wicht tat mir leid, wie er nun sogleich meine Wärme suchte, dass ich ihn um keinen Preis mehr hätte wegtragen lassen. Ich zahlte meinen Obolus, nahm den Kleinen unter meine warme, weite Trachtenjacke und ging glücklich heimwärts. Zu Hause hatte meine Mutter alles für den Empfang des neuen Familienmitgliedes vorbereitet: ein kleines Lager in der Küche, lauwarmes Wasser und Futter. Da torkelte nun der Kleine in der Küche herum, und wir standen da, jeder mit seinen Gedanken beschäftigt: „Daraus soll nun ein Schäferhund werden!" „Aber in der Küche kann er ja nun nicht immer bleiben!" „Was werden die Nachbarn sagen?" Ich nannte in Arko. Das, glaubte ich, wäre doch der richtige Name für einen Schäferhund. Und wenn er dann erst eng links „bei Fuß" mit mir ginge, wie stolz würde ich sein! Doch zunächst hatte ich erstmal meine täglichen Pflichten zu erfüllen, damit er groß, gesund und gehorsam wird. Er durfte sich frei auf dem Grundstück und im Haus bewegen, bekam seine regelmäßigen Mahlzeiten sowie mehrmals täglich frisches Trinkwasser und vor allem, trotz meiner knappen Freizeit, lange Spaziergänge durch den nahen Wald. Wir liefen per pedes, ich fuhr aber auch mit dem Fahrrad und bei günstigen Schneeverhältnissen im Winter mit den Skiern, sodass Arko immer seinen weiten Auslauf hatte. Er war ein Bursche, der keine Ruhe, außer der Nachtruhe, mochte. Er hielt mich ständig in Betrieb. Am liebsten apportierte er sein Holz. Viel schneller als Arko selbst wurde jeder müde, der das warf. So war es zu seiner Leidenschaft geworden, kurze, dicke Äste, ja sogar kurze Baumstämme aus dem Wald nach Hause zu transportieren, ohne dass ich ihm den Befehl erteilt hatte. Selbst an lange Baumstämme wagte er sich heran, verzweifelt daran zerrend. Es kam auch vor, dass er nach ca. 100 m plötzlich nochmal umkehrte, um den Baumstamm, den er zu seinem Kummer nicht hatte wegschleppen können, zu holen, wobei es natürlich beim Versuch blieb. Fast immer bei einem solchen Waldspaziergang brachte er einen mindestens 1 m langen Stamm mit heim. Lange probierte er verbissen, diesen durch das Gartentor, das nicht so breit war, zu bugsieren. Er bekam schnell heraus, dass das nur mit dem längs gedrehten Stamm möglich war. Als er 1 Jahr alt war, meldete ich uns bei Frau K. an, die eine anfangs noch kleine Gruppe von Menschen mit ihren Hunden leitete, damit letztere als Schutz- und Fährtenhunde ausgebildet werden konnten. Damit begann für mich und meinen Hund ein neues Kapitel in unserem gemeinsamen Leben. Ich wusste, es würde Arko schwer fallen, sich unterzuordnen und sah eine schwere Zeit auf uns beide zukommen.

Sonntag für Sonntag zogen wir gegen 9.00 Uhr zum ehemaligen Schützenhausgelände zur Ausbildung Arkos. Nach anfänglichem Widerstreben machte Arko alle Übungen mit. Er apportierte, kletterte und sprang. Er bemühte sich um eine gute Fährtenarbeit und strapazierte, je nach Laune, den Scheintäter. Kurz und gut, nachdem wir beide uns ca. 2 Jahre bemüht hatten, aus Arko einen guten Schutzhund zu machen, blieb doch der gewünschte Erfolg aus. Ich arbeitete noch eine Weile in der Gruppe bei Prüfungen als Schreibhilfe mit und gab es dann auf. „Der Hund gehört in eine Männerhand, das ist ein Herren-Hund", meinte einer der Hundeführer. Da unsere Vorsitzende eine, auf dem Gebiet des Hundesportes, sehr erfolgreiche Frau war, hätte ich diese Aufgabe bis zur Prüfung eigentlich auch schaffen müssen, und ich war sehr unglücklich, dass es mir nicht gelungen war.

Arko war nicht nur ein starker Beller geworden, sondern setzte auch gern über das Gartentor, um sich ein wenig herumzutreiben. Dabei geschah es nicht selten, dass er fremde Grundstükke „besetzte" und die Besitzer verärgerte.

Meine Arbeit als junge Lehrerin nahm mich immer mehr in Anspruch, sodass ich mich nicht mehr in dem Maße um Arko kümmern konnte, wie es notwendig gewesen wäre. Zwar fanden noch regelmäßig lange Spaziergänge und Dressurübungen statt, die Wildheit (Ausspruch eines Hundesportlers: „Der hat ja Wolfslichter!") konnte ich nicht unterbinden. Wir hätten einen Zwinger bauen müssen, doch dann hätte er durch sein Gebell die Nachbarschaft noch mehr verärgert. Eine Hunde-hütte besaß er, doch als er wieder einmal seinen „tollen Tag" hatte, sauste er mitsamt der Hütte durch den Garten, bis diese stückeweise in den Sträuchern und an den Bäumen hängen blieb. Mit dem Rest, der an der Kette hängen geblieben war, sprang er glückselig an mir empor, als wollte er sagen: „Siehst du, mit der Plage wäre ich auch fertig geworden!" Für meine Eltern, die die Hauptlast an Ärgernissen zu tragen hatten, wurde diese Belastung nun allmählich doch zu viel. Mir blieb einfach nicht genügend Zeit, um Arkos Erziehung erfolgreich zu gestalten. Zu dieser Zeit meldete ein Ehepaar aus Görlitz seinen Wunsch an, einen Schäferhund zu erwerben. Der Mann arbeitete als Portier in einem Betrieb und wollte einen Schä-ferhund als Begleiter auf seinen nächtlichen Kontrollgängen haben. Irgendwann waren meine Eltern in Görlitz mit diesem Ehepaar ins Gespräch gekommen und hatten von Arko erzählt. Es war an einem Sonntag, als uns die Leute besuchten und baten, Arko mitnehmen zu dürfen. Als ich mich von dem Tier zu beider Wohl trennen mußte, war mein Kummer groß. Hatte ich doch zum zweiten Mal Paul Eippers Belehrung nicht beachtet, falsch gehandelt und mir einen Hund angeschafft, der, wie es schien, nicht für mich geeignet war, bzw. ich wohl nicht für ihn. Zwei Mal telefonierte ich nach dem Abschied von meinem Arko mit den neuen Besitzern, mindestens zwei Mal fuhr ich nach Görlitz, unvernünftig wie ich war, fest entschlossen Arko wieder zu gewinnen. (Die Leine trug ich in einer Tasche bei mir.) Schließlich kam eines Tages ein Brief von der Frau, in dem sie schrieb, sie habe von einer Dame gehört, die ihren Afghanen aus Altersgründen dem Tierarzt zur Tötung gebracht hätte. Der Arzt habe sich aber energisch geweigert, das schöne, gesunde Tier zu töten und die alte Dame aufgefordert, es in gute Hände wegzugeben. Die neue Besitzerin von Arko schrieb, dass es sich um ein sehr stilles, scheues Tier handele, das zu mir „in 3. Hand" (!) käme und mit dem man „Furore" machen könnte. Ich war fest entschlossen, mir den Hund wenigstens einmal anzusehen. Meine Mutter war verreist und konnte kein Veto dagegen einlegen, und mein Vater ließ die Dinge gelassen an sich herankommen.

So reiste ich an einem Januartag nach Görlitz, um die alte Dame aufzusuchen. Die Stadt war grau und schmutzig durch den Schneematsch und den traurigen Regen. Mein schwerer Pelzmantel triefte und nahm allmählich diese hässliche Farbe an, desgleichen meine Stiefel. Ich war so aufgeregt, dass mich starke Kopfschmerzen plagten. Und so begann ein neues Kapitel in meinem Leben mit

Charis

Einige Treppen musste ich hochsteigen, bis ich vor die Tür gelangte, die zur Wohnung der Frau führte, die ich aufsuchen wollte. Ich drückte auf die Klingel. Hundegebell war nicht zu hören. Dann kam die alte Dame und ließ mich ein. Ich sollte in ihrer Küche Platz nehmen. Zunächst musste ich meine Brille putzen, die beschlagen war. Aber auch als ich wieder klar sehen konnte, entdeckte ich keinen Hund und hörte keinen

Laut. Die alte Dame zeigte mir eine Bürste und meinte eifrig, damit bürste sie den Hund regelmäßig. Sie erzählte mir, Leute, die die DDR verlassen wollten, hätten ihr und ihrem Mann den Hund überlassen. Aber ein solch großer Hund in der engen Wohnung sei eine Zumutung für sie gewesen, obgleich sie sehr an dem Tier, es sei eine Hündin mit Namen „Charis", hängen würde. Noch immer war das Tier nicht zu sehen. „Wo ist sie denn?" fragte ich endlich ungeduldig. Die Frau hob eine am Fenster stehende Bank hoch, und zum Vorschein kam ein großes, dunkles Bündel von Zotteln. Ich war erschüttert. Sie lockte den Hund leise, aber er kroch nur noch mehr in sich zusammen. Da kniete ich mich langsam, damit er nicht erschrecke, zu ihm auf den Boden und flüsterte zärtlich seinen schönen Namen. „Nun steh doch auf!" rief die Frau. Die Hündin richtete sich auf und nahm dabei die Demutshaltung ein. Sie hatte die Größe eines Schäferhundes. Ihr Fell bestand aus Filzstreifen, die auch ihre Augen verdeckten. Ich streichelte vorsichtig ihren Kopf und sah nun ihre großen, angstvollen Augen. Immer wieder leise ihren Namen flüsternd, wobei mir öfters die Stimme versagte, lockte ich sie zu mir heran. Dabei blieb ich kniend am Boden hocken. Dann ging alles sehr schnell. Die Frau legte Charis das Halsband an (die Leine hatte ich mitgebracht), ich bezahlte, was die Frau verlangte und führte Charis aus der Wohnung. Die Frau stand weinend oben, ans Treppengeländer gelehnt, und meinte: „Was wird bloß mein Mann sagen, wenn er heimkommt, und Charis ist nicht mehr da?" Charis aber eilte, ohne sich noch einmal umzublicken, die Treppen an meiner Seite hinunter, raus aus dem Haus. Jetzt bemerkte ich auch, was für eine große Angst sie vor den Straßenbahnen und auch vor fremden Menschen hatte. Bald waren wir, während ich immer wieder leise auf sie einredete, am Bahnhof in Görlitz angelangt. (Heute noch, wenn ich die Treppe zum Bahnsteig hinaufgehe, an dem die Züge nach Weißwasser fahren, erinnere ich mich daran, wie elegant sie mit ihren „Zottel-Säulen" dort die Stufen hinaufgeeilt war.) Der Zug stand schon da, sodass wir gleich einsteigen konnten. Sofort huschte Charis unter meinen Sitzplatz und rührte sich nicht mehr. Da die Fensterscheiben beschlagen waren, konnte ich beim Halten des Zuges an verschiedenen Stationen die Namen nicht erkennen. Hinzu kam, dass ich durch die starken Kopfschmerzen überhaupt nicht mehr so recht klar denken konnte, und die ganze Aufregung tat ihr Übriges. Um die Heimatstation nicht zu verpassen, stand ich schließlich einmal auf, ging über den schmalen Gang zur anderen Fensterseite und versuchte, den Namen der Station zu entziffern, an der der Zug eben hielt. Aha! dachte ich, die nächste ist Weißwasser! Als ich an meinen Platz zurückkehrte, war Charis nicht mehr unter meinen Sitz. Entsetzt fragte ich die junge Frau, die mir gegenübersaß, ob sie den Hund gesehen hätte. „Der ist sofort aufgestanden und Ihnen gefolgt, als Sie ihren Platz verließen", sagte sie. Und da huschte Charis schon wieder über den Gang zu mir. Liebevoll streichelte und lobte ich sie. Dann zog ich meinen kleinen Kamm aus der Tasche und begann, ihr die Haare ein wenig aus dem Gesicht zu kämmen, was sie sich geduldig gefallen ließ. In Weiswasser stand Vater in der Bahnhofshalle und blickte uns erschrocken entgegen. Ich und Charis mussten zum Erschrecken ausgesehen haben, vor allem Charis mit ihren Zotteln. Entsetzt wichen die Leute vor ihr zurück. Wer hatte hier wohl mehr Angst vor dem anderen? Mein Vater machte nicht viel Worte, sondern begleitete uns nun heim. „Bloß gut, dass Mutter jetzt nicht da ist", meinte er nur. „Aber sie wird Charis auch lieb gewinnen", tröstete ich. Daheim angekommen, ließen wir Charis zuerst einmal frei durch den Garten laufen, damit sie ihre „Geschäfte" verrichten konnte. Dann gab ich ihr frisches Trinkwasser und begann sie abzutrocknen, doch diese Bemühung blieb zunächst fast vergeblich. Die Zotteln trieften und tropften noch immer. Außerdem waren sie auch sandig geworden durch den Straßenschmutz. Da blieb nichts anders übrig, als Feuer im Badeofen zu machen, und später das große Tier in die Badewanne zu heben und es mit lauwarmem Wasser zu waschen. Alles ließ sie sich gefallen. (Später erst erfuhr ich, dass Hunde mit solchen Filzzotteln überhaupt nicht gebadet werden.) Ich trocknete Charis mit allen zur Verfügung stehenden Tüchern und Lumpen ab, befahl ihr, sich an den Wohnzimmerofen auf eine alte Decke zu legen und blieb bei ihr hocken, bis es mir schien, als sei sie eingeschlafen. Erst dann schlich ich mich leise zum Sofa, um mich, todmüde wie ich war, ein wenig auszuruhen. Aber wie der Blitz war Charis aufgesprungen, und schon lag sie neben dem Sofa. Am liebsten wäre sie darunter gekrochen, aber sie hätte dort keinen Platz gehabt. Weil ich mir einbildete, sie müsse unbedingt in Ofennähe trocknen, geleitete ich sie geduldig wieder dorthin, nahm ein Sofakissen und legte mich neben sie auf den Fußboden, wo wir beide sofort einschliefen.

Ich hatte in der nächsten Zeit weder Charis' Alter, noch die Rasse erfahren können. Papiere hatte sie ja nicht. Sie sah aus wie ein etwas zu kleiner Komondor in „Schwarz", bzw. wie ein zu groß geratener Puli. Die Gute, die wir alle sehr schnell ins Herz geschlossen hatten, war sehr scheu. Häufig verkroch sie sich im Hause und war selbst mit allerlei Leckerbissen nicht vorzulocken. Im Garten hielt sie sich nur so lange auf, wie jemand von uns anwesend war. Sah sie, wenn auch weit entfernt, in den nachbarlichen Gärten einen Menschen, so flüchtete sie augenblicklich in Haus zurück. Jeder aus unserer Familie beschäftigte sich so oft wie möglich mit ihr, z.B. durch kleine Spiele, um ihr Vertrauen zu gewinnen. Was musste dieser Hund erlebt haben, dass er sich so vor den Menschen fürchtete? In der langen Zeit der Gewöhnung durfte Charis erfahren, dass es auch gute Menschen gibt. Sie gab keinen Laut von sich. Wir wussten nicht wie, ja, ob sie überhaupt bellen konnte! Auf den langen Spaziergängen, die sie sehr liebte, musste sie angeleint laufen. Nach Monaten erst konnte ich es wagen, sie frei laufen zu lassen. Sie liebte den Wald mit seiner Weite und Stille. In der Stadt fürchtete sie sich auch im Laufe der Zeit nicht mehr vor den Menschen, doch immer vor Fahrzeugen. Sie war sehr schreckhaft und ging an der Leine hoch wie ein durchgehendes Pferd. Ich konnte sie kaum beruhigen. Furore machten wir beide nicht, aber das war auch niemals meine Absicht gewesen. Manche Leute meinten: „Wo ist denn da vorn und hinten?" „Der müsste mal geschoren werden!" „Gucke mal, ein selbst Gestrickter!" „Was is'n das für'n Vieh?" usw. Aber das störte mich nicht allzu sehr. Wenn mich jemand interessiert nach der

Rasse fragte, sagte ich einfach, Charis sei ein Ungarischer Hirtenhund. Es gab zu dieser Zeit niemanden, der das nicht glaubte. Ihre Zotteln, die sich an manchen Körperstellen zu Platten entwickelt hatten, schnitt ich von Zeit zu Zeit auseinander, desgleichen die Filzstreifen und Haare, die ihre Augen verdeckten. Ich weiß nicht, ob ich da richtig gehandelt habe. Da ich mich nun für die in der DDR noch sehr seltenen Ungarischen Hirtenhunde interessierte, setzte ich mich mit einer Züchterin in Verbindung, die verschiedene Arten solcher Hunde züchtete. Die freundliche Züchterin schickte mir eine Broschüre, in der sämtliche, derzeit existierenden Ungarischen Hirtenhunde abgebildet und beschrieben waren. Meine Charis, so wie sie aussah, befand sich nicht unter ihnen. Leider kam es zu keiner Begegnung mit der Züchterin und einer Vorstellung meiner Charis zwecks Feststellung der Rasse. Wenn in der Nähe unseres Hauses geschossen wurde, floh Charis in Todesangst ins Haus. War niemand von uns da, der die Tür öffnen konnte, sprang sie, was sie sonst nie tat, über das Gartentor und lief einige hundert Meter weiter zum Haus meines Bruders. Dann musste sie jemand aus dessen Familie wieder zurückbringen. Einmal muss sie zur Zeit ihrer Läufigkeit einem Rüden begegnet sein, der sie zu trösten verstand. Nach einiger Zeit stellten wir fest, dass Charis trächtig war. Nun war guter Rat teuer. Wie viele Welpen würden es werden? Wie würde sie das Werfen überstehen? Was hatten wir zu tun? Wie mussten wir ihr helfen? Viele Fragen, viele Probleme! Meine Mutter war perfekt in der Aufzucht von Geflügel, auch unsere Katzen hatten schon gejungt, aber von der Hundezucht hatte sie sicher keine Ahnung. Fragten wir jemanden, dessen Hündin schon einmal geworfen hatte, so erhielten wir zur Antwort: „Bis auf einen oder zwei kräftige Welpen alle töten lassen!" Wie groß war unsere Aufregung, als der Tag für „Mutter" Charis herankam. Ausgerechnet an dem Abend, an dem der Wurf zu erwarten war, musste ich an einer wichtigen Sitzung teilnehmen. Wäre ich doch bloß zu Hause geblieben, um dieses Wunder der Geburt mitzuerleben! Warum hatte ich den Mut nicht aufgebracht, mich zu entschuldigen? Wäre das, was geschah, nicht ein Grund zum Fernbleiben gewesen? Und wenn Mutter nicht da gewesen wäre? Die Gute meisterte auch diese Situation. In ihrem Tagebuch konnte ich nach ihrem Tod lesen, wie liebevoll sie Charis beim Werfen geholfen, wie sie alles vorbereitet hatte für die Hundemutter und die zu erwartenden Kleinen. Als ich, so schnell war ich wohl noch niemals nach Hause gelaufen, am späten Abend zu Hause angelangt war, kniete ich bei Charis nieder und bestaunte sieben schwarze, allerliebste Winzlinge. Ich schämte mich meiner Feigheit vor der guten Charis, die müde auf der Matratze unter dem Tisch in der warmen Küche lag und streichelte sie wieder und immer wieder, wobei mir die Tränen über die Wangen liefen. Dankbar umarmte ich meine Mutter, die sich nun auch noch als Hundezüchterin qualifiziert hatte, wie auch die folgenden Wochen zeigen sollten.

Die Welpen wuchsen zu fröhlichen Hündchen heran. Meine Mutter kochte ihnen Suppe, bestehend aus Milch und Hafermehl. Etwas anderes konnten wir den Kleinen in der Zeit, in der ja Lebensmittel noch rationiert waren, nicht bieten. Alle sieben wurden einzeln gefüttert, dann erst in einen Korb und nach draußen in den Hof gesetzt. Sieben kleine Pfützen mussten zu sehen sein, bevor die Welpen wieder in die Küche zu Mutter Charis gebracht wurden, wo sie bald genüsslich einschliefen. Als sie groß genug waren, sich tagsüber draußen aufzuhalten, banden wir Charis mittels einer langen Leine an, damit sie in ihrer Furcht vor einer eventuellen Schießerei nicht wieder flüchten konnte. Die Kleinen blieben in ihrer Nähe.

In dieser Zeit hörten wir Charis auch zum ersten Mal bellen. (Sie hatte eine tiefe, wohllautende Stimme.) Sobald sie einen fremden Menschen erblickte, ertönte ihr Gebell. Auch die Katzen durften sich den Welpen nicht nähern. „Peter" musste sogar deswegen Haare lassen.

Die Sorge um die Zukunft der Kleinen begann uns mehr und mehr zu bedrücken. Es gab einen Tierarzt, der die schwächlichsten getötet hätte, und Mutter und ich hatten mit ihm bereits einen Termin ausgemacht. Nun saßen wir vor den Welpen mit unserem Tragekorb und hatten zwei von den lustigen Kleinen auszuwählen. Für wenige Sekunden saß auch mal einer drin im Korb: zum Tode verurteilt. Dann nahmen wir ihn wieder heraus, und weg war er, als hätte er geahnt, was ihm bevorstand. Schließlich brachten wir den leergebliebenen Korb weg, sagten dem Tierarzt ab und entwarfen eine Annonce für den Verkauf der Welpen. Sie sahen recht nett aus. Alle hatten ein leicht gelocktes Fell und einen stattlichen Bart. Auf unsere Zeitungsanzeige hin meldeten sich nach und nach bei uns bekannte und unbekannte Menschen. Zum Teil verschenkten wir auch einige der Kleinen, vor allem, wenn wir bemerkten, dass die Tiere in besonders gute Hände kommen sollten und der Betreffende „knapp bei Kasse" war. Den kräftigsten Welpen nahm mein Bruder zu sich. Er nannte ihn „Mischa".

Charis und Asko

Im Jahre 1958 machte mein Mann die Fahrerlaubnis, und wir kauften uns einen alten Opel Olympia (Cabriolet). Das Vehikel sollte uns noch viel Kummer bereiten, doch zunächst waren wir stolze Besitzer und glücklich, für einige Wochen ins schöne Dresden, die Heimatstadt meines Mannes, per Auto reisen zu können. Dort wollten wir in einer Pension unsere Sommerferien verbringen. Vater und Mutter übernahmen in dieser Zeit die Betreuung unserer Charis. Wir verlebten frohe Tage. Hoch über der Stadt befand sich unser Ferienzuhause. Dort gab es auch ein Hotel. Eines Tages beschlossen wir, dort zu Mittag zu speisen. Als wir den Eingang des Hauses betraten, blieben wir erschrocken stehen. Da lag ein rotbrauner, langhaariger Hund mit einem Teddykopf und knurrte uns mit leisem Donnern an. Ich liebte ja Hunde sehr und fürchtete mich nicht vor plötzlich auftauchenden oder sich mir nähernden Hunden. Aber vor diesem hatte ich zunächst einmal so viel Respekt, dass ich es für klüger hielt, keinen weiteren Schritt zu wagen. Auch mein Mann blieb ruhig stehen. „Das ist ein Chow Chow", sagte er leise. „Mein Schulkamerad hier in Dresden besaß auch solch einen Hund." Eine Frau kam zufällig aus der Gaststube und rief: „Asko, raus!" Langsam, sehr langsam, als müsse er überlegen, ob es zweckmäßig sei, der Aufforderung zu folgen oder nicht, erhob er sich, uns sehr misstrauisch betrachtend, und zog sich schließlich mit der Frau zurück. Mein Mann erzählte mir in den folgenden Tagen, was er von dieser Rasse wusste, und ich begann mich dafür mehr und mehr zu interessieren. Als sich unser Urlaub allmählich dem Ende näherte, fing unser Opel an, ab und zu „zu streiken." Er fuhr nicht mehr, musste abgeschleppt werden, kam wieder „auf die Beine", sodass wir hoffen durften. Schließlich machte er seinen vorletzten Seufzer, indem er traurig noch einmal den Winker heraushängen ließ, als wir in eine Nebenstraße fahren wollten, wo er endgültig stehen blieb. Wir ließen ihm seine Ruhe und setzten unseren Weg zum Quartier mit den öffentlichen Verkehrsmitteln fort. An den interessanten Chow Chow hatten wir in dieser Zeit nicht mehr gedacht. Einen Tag vor unserer Heimfahrt fanden wir einen barmherzigen Autowerkstattbesitzer, der unseren Opel dadurch fahrbar machte, dass er uns eine Batterie auslieh.

An diesem Tag kam mein Mann ganz aufgeregt in unser kleines Zimmer: „Stell dir vor, der Chow Chow soll getötet werden! Er hat eine Frau gebissen. Es muss schlimm sein. Ich glaube, der junge Mann, dem der Hund gehört, ist schon unterwegs zum Tierarzt! Wir wollen schnell mal ins Hotel gehen, vielleicht können wir den Hund retten!" „Aber wie denn?" fragte ich. „Wir fragen, ob wir ihn haben können, vielleicht gibt man uns den Hund." Schnell liefen wir beide zu dem besagten Hotel. Im Gastraum stand weinend, ganz weiß im Gesicht, die Frau, die der Chow Chow angegriffen hatte. Sie war bereits beim Arzt gewesen, ihre rechte Hand war dick eingebunden und ruhte in einer Schlinge. Eine ältere Dame, der Besitzer des Hundes und einige Angestellte standen aufgeregt in einer Gruppe zusammen. Wir erfuhren nun, wie sich das ganze Drama abgespielt hatte. Immer, wenn Asko dieser Frau, die ein kleines Hündchen an der Leine führte, begegnet war, hatte er versucht, den kleineren Artgenossen zu beißen. In ihrer Not griff dann die Frau zu einem Stock, den sie wohl stets in der Nähe des Hotels bei sich führte, um nach dem angriffslustigen Asko zu schlagen. Das hatte sich dieser natürlich gemerkt. Als die Frau nun wieder einmal mit ihrem

Hündchen unterwegs war und Asko auf sie zustürzte, nahm sie den Kleinen auf den Arm. Asko war an ihr hochgesprungen und hatte des öfteren zugebissen. Seine Bisse trafen nicht den Hund, sondern die Hand der Frau. Ob sie sich mit ihrem Stock gewehrt hatte, war uns nicht klar geworden. Jedenfalls war die Hand durch Asko böse zugerichtet worden. Der Besitzer war bereit, uns den Hund zu schenken. Bevor wir Asko zu uns nahmen, wollte er das Tier vom Tierarzt untersuchen lassen wegen des Verdachtes auf Tollwut, was auch geschah. Glücklicherweise war das Ergebnis negativ. So nahmen wir also am frühen Morgen unseres Abreisetages Asko in Empfang, um ihn spazieren zu führen. In einem Fleischgeschäft kauften wir Rippchen zum Fressen und beobachteten, wie er diese voller Behagen verspeiste. Bisher hatten wir nur leise und beruhigend mit ihm gesprochen, ihn anzufassen, getrauten wir uns noch nicht. „Hast du gehört?" fragte mich mein Mann, „Bettelstudent" nannten ihn einige Leute in der Schwebebahn. „Scheinbar hatte er die Gäste oft angebettelt." „Und dabei hatte doch die alte Dame dort im Hotel gesagt, Asko bekäme jeden Tag ein Lendchen!" meinte ich. „Sie wollte auch nicht, dass Asko weggegeben wird." „Wir behalten ihn", sagte mein Mann. „Das geht doch nicht," erwiderte ich, „zwei Hunde, was werden die Eltern sagen? Wie wollen wir sie ernähren? Und dann sind sie noch unterschiedlichen Geschlechts! Wir geben eine Anzeige in der Zeitung auf und verschenken ihn in gute Hände!" „Jetzt nehmen wir ihn mit", bestimmte mein Mann, „und fahren zum Hundesalon, um ihn waschen und kämmen zu lassen." Und los ging`s. Stolz saß Asko neben mir im offenen Wagen, als wäre er das so gewöhnt. Der Mann im Hundesalon war nett und couragiert. Schwups! saß Asko in der Wanne, dann unterm Föhn, und ohne zu mucksen, ließ er sich auch kämmen und bürsten. Ich staunte. Nun streichelte ich Asko, um ihn bei guter Laune zu halten, bis die Prozedur beendet war und er als schmucker Chow Chow würdevoll im Auto Platz nahm. In der Pension angekommen, packten wir am Nachmittag rasch unsere Sachen, um die Heimfahrt anzutreten. Der Besitzer der Autowerkstatt hatte uns geraten, bald loszufahren, damit wir vor Anbruch der Dunkelheit zu Hause wären und keine Beleuchtung am Wagen einzuschalten brauchten, denn das hätte die schwache Batterie nicht ausgehalten. Wir schauten uns beide an: von Erholung keine Spur mehr zu erkennen! Während der ganzen Fahrt sprachen wir kaum ein Wort miteinander, so stark war jeder mit seinen Gedanken beschäftigt: Würde die Batterie bis Weißwasser durchhalten? Was würde wohl mit Asko jetzt auf uns zukommen? Angstvoll verfolgte ich die sich zum Untergang neigende Sonne. Dann musste ich doch lächeln, da ich an Schillers „Bürgschaft" dachte, in der Damon bzw. Möros auch vor Sonnenuntergang Syrakus erreicht haben musste. So hing jeder seinen Gedanken nach auf der für den alten Opel langen Fahrt nach Weißwasser, während Asko, seinen schweren Kopf fest in meinen Schoß gebettet, eingeschlafen war und zufrieden schnarchte. Erst jetzt fiel mir ein, dass wir vergessen hatten, nach Askos Ahnentafel zu fragen. Denn, obwohl uns der Hund geschenkt worden war, hätte uns diese mitgegeben werden müssen. In der ganzen Aufregung hatte nur niemand daran gedacht. (Als wir später um die Ahnentafel baten, wollte der ehemalige Besitzer 50 Mark dafür haben. Da verzichteten wir darauf. Wir schrieben uns lediglich seinen Namen und das Geburtsdatum auf.) So wussten wir nun, dass sein richtiger Name „Dhasko von der Hohen Warte" und dass er fünf Jahre alt war. Für uns aber blieb er Asko. Und die Sonne ging unter, da kamen wir glücklich auf dem Lönshof an. Meine armen Eltern waren sprachlos, als sie Asko sahen.

Charis sah dem Roten interessiert entgegen, Asko machte keinerlei Anstalten, sich von seiner unangenehmen Seite zu zeigen und verhielt sich wie ein Kavalier. Trotzdem wollten wir nicht beide Hunde in der ersten Nacht in der Kammer neben unserer Wohnung im 1. Stock lassen, die wir wohnlich für Charis' Nachtruhe eingerichtet hatten. Asko sollte nun die erste Nacht in einem Gatter im Stall verbringen, in dem Charis und ihre Kleinen nachts beisammen gewesen waren. Da hatten wir uns aber gehörig verrechnet. Er zerfetzte das Lager und war gerade dabei, das Holzgatter auseinander zu nehmen, als wir ihn befreiten, und da es bereits Nacht war und wir ohnehin ziemlich erschöpft waren, ließen wir den Hund zu Charis in die Kammer. Ich blieb eine Weile bei den beiden und beobachtete sie gespannt. Charis hatte sich nicht weiter aus der Ruhe bringen lassen, sich bald auf die Seite gelegt und alle Viere von sich gestreckt. Asko, der auch sehr müde war, vor allem von dem nächtlichen Kampf mit dem ungemütlichen Nachtlager im Stall, streckte sich ebenfalls aus, nachdem er sich mit dem Territorium vertraut gemacht hatte, und bald kehrte Ruhe im ganzen Haus ein.

Der nächste Tag war ein Sonntag. Als ich erwacht war, hörte ich meine Mutter im Garten schimpfen. „O weh", dachte ich, „da ist bestimmt etwas mit den Hunden passiert." Im Garten fand ich beide, reumütig meine Charis und völlig unberührt von Mutters Schimpfen dagegen Asko. Was war geschehen? Charis hatte die Angewohnheit, tiefe Mulden zu graben, in die sie sich hineinlegte, um sich so Kühlung zu verschaffen. Mir war es meistens gelungen, diese Mulden wieder auszufüllen, bzw., was natürlich weitaus schwieriger war, die zerwühlten Beete wieder in Ordnung zu bringen. Aber nun grub Asko mit, und meine Mutter sah ihren Garten, auf den sie so stolz war und den sie liebte, bald in eine „Mondlandschaft" verwandelt. Ich beruhigte sie, dass Asko ja nicht im Hause bleiben, sondern in gute Hände weitergegeben werden würde und schaufelte und harkte, bis alles, was die Vierbeiner angerichtet hatten, so einigermaßen in Ordnung war.

Nach einer Woche sollte für meinen Mann und mich der Unterricht wieder beginnen. Dann hieß es: Freizeit ade! Also beschlossen wir, wegen Asko die bewusste Anzeige aufzugeben. Nachdem wir verschiedene Entwürfe diskutiert hatten, entschieden wir uns für einen, in dem besonders deutlich auf unsere Absicht, den Hund nur in liebevolle Hände zu geben, hingewiesen wurde. In der letzten Ferienwoche verschwand auch dieser Entwurf für eine Zeitungsanzeige im Papierkorb. Wir wollten Asko, der sich so schnell eingelebt hatte, behalten. In mehreren Aussprachen mit den Eltern, in denen wir uns mit einigen Maßnahmen, die diese zum Schutz der Blumen- und Gemüsebeete treffen wollten, einverstanden erklärt hatten, gaben die Eltern als Hausbesitzer ihr Einverständnis, auch Asko als Mitbewohner auf dem Lönshof 5 eine Heimstatt zu gewähren. So wurde das Rudel also um ein weiteres Mitglied vergrößert. Vater beschäftigte sich in den folgenden Tagen mit der Einzäunung einiger Beete, und mit Entsetzen sah ich, dass immer größere Flächen des Gartens von kleinen Zäunchen umgeben wurden, was ja die Freiheit der Hunde mehr und mehr einzuschränken begann. Was sollte ich dagegen tun? Es blieb mir, den beiden zuliebe, nichts anderes übrig, als meine Freizeit voll und ganz den Hunden zu widmen. So zog ich also zur Freude der Tiere in meiner knappen Freizeit, von der natürlich auch meine lieben Schüler etwas haben wollten, hinaus ins Grüne. Während Charis frei laufen durfte, behielt ich Asko an der Leine. Manchmal begleiteten uns auch meine Schüler dabei. So hatten wir alle unsere Freude. Gern ging ich mit Charis und Asko „Herrchen" vom Bahnhof abholen. „Herrchen" machte zu dieser Zeit ein Fernstudium für Germanistik und fuhr deshalb zu Konsultationen nach Potsdam. Wir erwarteten ihn in einer Nebenstraße der Bahnhofstraße, denn Charis hatte Angst vor dem einfahrenden Zug und den vielen Menschen, die dann aus der Bahnhofshalle kamen.

Alle Hundebesitzer wissen, wie die Tiere ihre große Freude bei der Begrüßung von „Herrchen oder „Frauchen" zum Ausdruck bringen können, sodass ich darauf nicht mehr einzugehen brauche. In den ersten Tagen musste mein Vater seinen Stock, den er wegen seines steifen Beines benutzen musste, draußen vor dem Tor stehen lassen oder wenigstens verstecken beim Betreten des Grundstücks. Als Asko aber merkte, dass er nicht bedroht wurde, war diese Maßnahme nicht mehr nötig. Überhaupt zeigte Asko sich bald als friedfertiges Mitglied unseres Rudels und erkannte auch Frauchen als „Leittier" an. Leider war Asko ein ausgesprochener Katzenfeind, desgleichen verfolgte er die eingedrungenen Hühner der Nachbarn, von denen einige im Laufe seines Lebens Opfer seiner Jagdlust wurden. Peter, der Kater meiner Eltern, verstand es, ihm zu entkommen. Er „bewohnte" ja bei den Eltern die Paterrewohnung. Doch Asko konnte täglich lange und sehr geduldig auf einer der oberen Treppenstufen im Haus sitzen und auf Peters Erscheinen unten im Flur warten. Die Jagd auf die Katzen konnte ich ihm nicht abgewöhnen. Ich war es, die Peter eines Tages tot im Garten fand. Mir tat der arme Kerl bitter leid, und ich muss gestehen, dass auch später, als ich Chow Chows in unsere Familie aufnahm, keine Katzen mehr ins Haus geholt wurden, so gern wir alle ein Kätzchen mit groß gezogen hätten. Damals fürchtete ich mich sehr, meinem lieben Vater, der sehr an Peter hing, die schlimme Nachricht zu überbringen. Für lange Zeit büßte Asko Vaters Sympathie ein. Erstaunlich war das gute Zusammenleben zwischen Asko und Charis. Er blieb, bis auf eventuell aufkommenden Futterneid, immer Kavalier und belästigte Charis niemals, sodass es selbst dann, wenn diese läufig war, keine Probleme gab. Nun war ich doch recht froh, Asko behalten zu haben. Auch mit der Ernährung gab es keine Schwierigkeiten. Mein Mann, vor allem aber mein Vater, holten regelmäßig Fleisch, so genanntes Freibankfleisch, das in einem besonderen Geschäft verkauft wurde. Sehr dankbar war ich meinem guten Vater, der sich oft ein bis zwei Stunden oder länger zum Einkauf anstellte, obwohl ihm das Stehen sehr schwer fiel. Das Fleisch wurde im Freien auf einer einfachen Feuerstelle gekocht. Charis fraß tüchtig, sie war kein Kostverächter und tauchte sogar ab und zu bei der Nachbarin im Garten auf, um sich etwas vom Hühnerfutter zu holen. Asko dagegen war wählerisch beim Fressen. Am liebsten nahm er sich die besten Brocken, oft kostete er nur ab und zu. Zu unserer großen Freude entdeckten wir, wie schön sein Fell wurde. Er sah nun nicht mehr wie ein langbeiniger, großer, fuchsähnlicher Hund, sondern wie ein richtiger Chow Chow aus, was mir immer wieder von fachkundigen Leuten bestätigt wurde. Damals wusste ich zwar schon, wie ein schöner Chow Chow aussehen soll, aber über sein Wesen wusste ich noch wenig. Freilich hatte ich bald bemerkt, dass Asko sehr eigenwillig und nicht einzuschüchtern war, wenn er eine kräftige Strafpredigt zu hören bekam. Auch erkannte ich, dass es bei ihm kein „Köpfchen und Rute senken", also keine Demutshaltung gab, mehr aber wusste ich nicht von dieser einzigartigen Rasse. Einmal brachte meine Mutter, als sie in der hiesigen Kinderbibliothek tätig war, ein ausgesondertes Buch mit, auf dessen Titelseite ein Chow Chow Kopf abgebildet war. Es war schnell durchgelesen, und mit Entsetzen las ich in diesem Buch, dass der Chow Chow dumm sei. „Solch ein haarsträubender Unsinn!", rief ich aus. Nun war mir klar, warum – es war sicher höchste Zeit – diese Lektüre ausrangiert worden war. Das Titelbild klebte ich an die Hundekammertür, den Rest verbrannte ich. Leider, wie ich noch heute ab und zu hören muss, spukt der Unsinn von der Dummheit und Falschheit des Chow Chows in den Köpfen vieler Menschen herum, und ich kann nur hoffen, dass meine Niederschrift, in der ich noch auf das Wesen des Chow Chows eingehen werde, zur Aufklärung und damit auch zur „Rehabilitierung" dieser wunderbaren Hunderasse beitragen wird.

Unsere gute Charis, so musste ich eines Tages feststellen, wurde krank. Ihre Brustwarzen und deren Umgebung brachen blutig auf. Die feinen Risse heilten nicht. Auch schien sie erhebliche Schmerzen zu haben. Ich litt mit ihr und machte mich mit ihr auf den Weg zum Tierarzt. Eine Praxis hatte er nicht, aber ich war schon mit Arko bei ihm gewesen und kannte den Mann. Leider war der Tierarzt nicht da. Die Gattin des Arztes öffnete mir die Tür und antwortete auf meine Bitte um einen Arztbesuch, da Charis der weite Weg vom Lönshof bis zum Haus des Arztes das zweite Mal sehr schwer gefallen wäre: „Da hätte ja mein Mann viel zu tun, wenn er auch noch Hausbesuche durchführen würde! Sie müssen schon mit dem Hund herkommen. Am besten am späten Nachmittag." Ich vereinbarte einen Termin mit ihr und ging verärgert heim. Ein Auto besaßen wir nicht mehr, denn den berüchtigten alten Opel hatten wir damals an den Besitzer zurückgegeben, nachdem wir noch ein faustgroßes Loch im „Chassis" entdeckt hatten. Also musste ich den langen Weg zum Tierarzt mit dem leidenden Tier zu Fuß antreten. Es ging recht langsam vorwärts. Mir schien, die Straßen, die wir zu gehen hatten, nähmen kein Ende. Ein Weilchen mussten wir noch am Bahnübergang warten, denn die Schranken waren unten. Ich ahnte schon, was nun kommen würde. Als der Zug vorbeibrauste, ging Charis vor Angst hoch, obwohl sie schon recht müde war und wir uns etwas weiter entfernt vom Übergang aufhielten. Nachdem auch das überstanden war, setzten wir unseren Gang in Richtung Tierarzt fort. Die ganze Zeit über sprach ich leise auf Charis ein. Was ich so alles daherredete! Aber es ging mit kleinen Ruhepausen vorwärts. Stets fürchtete ich, Bekannte zu treffen oder wegen des Hundes von anderen Menschen aufgehalten zu werden. Ich weiß nicht, wie viel Zeit wir gebraucht hatten, um ans Ziel zu gelangen. Als der Arzt uns die Tür öffnete und uns einließ, war ich kaum in der Lage, ihm mein Anliegen vorzutragen, so traurig und erschöpft war ich. Charis legte sich augenblicklich lang im Korridor hin und war nicht mehr zum Aufstehen zu bewegen. Glücklicherweise lag sie so günstig, dass der Arzt ihre wunde Brust untersuchen und ihren Leib abfühlen konnte. Er sagte kaum etwas, aber er sah mich traurig an. Mit ein paar Tuben Euterbalsam in der Tasche meines Mantels verließen wir ihn, als Charis sich ein wenig ausgeruht hatte. Nun stand ihr noch der qualvolle Rückweg bevor. Wieder redete ich zärtlich auf sie ein, ungeachtet dessen, dass sich Menschen, denen wir begegneten, nach uns umdrehten. Vielleicht hatte mancher mir hinter meinen Rükken auch „den Vogel" gezeigt, was machte mir das aus! Diesmal mied ich den Weg über den Bahnübergang. Es dunkelte bereits, und wir beide waren immer noch unterwegs. Es fiel Charis immer schwerer, sich nach den kleinen Ruhepausen wieder zu erheben. Endlich trafen wir auf dem Lönshof ein. Schnell bereitete ich ihr ein Lager auf dem oberen Treppenabsatz, und schon lag sie dort auf der Seite und schlief. Alle Familienmitglieder nahmen Rücksicht auf den todmüden Hund. Asko ging in dieser Nacht allein ins Kämmerchen zur Ruhe.

In den folgenden Wochen schienen ihre Beschwerden zuzunehmen. Sie hatte Schmerzen und weit und breit keine Tierarztpraxis! Die Tierärzte, die wir hätten bitten können, meiner guten Charis zu helfen, waren Ärzte für das Vieh in den Ställen, denn im Kreis Weißwasser gab es sehr viel Landwirtschaft. An einem Morgen, ich weiß noch, es war Frühlingsanfang, ging es Charis sehr schlecht. Sie musste starke Schmerzen haben. Völlig zerstört rannte ich vor Unterrichtsbeginn zu einem alten Tierarzt, um ihn zu uns zu bitten. Zunächst lehnte er meine Bitte ab mit der Begründung, er sei zur Zeit gesundheitlich nicht auf der Höhe, versprach dann aber, am Nachmittag gegen 15.00 Uhr zu kommen.

„Das wird wohl nichts mehr werden mit ihrem Hund, nachdem was sie mir berichtet haben! Ich fürchte, er hat Krebs. Da ist eine Erlösung das Beste, was wir für ihn tun können. Also, ich werde kommen." Wie ich die sechs Stunden Unterricht überstanden habe, weiß ich nicht mehr. Ich weiß nur, dass ich völlig unkonzentriert gearbeitet habe. Wäre ich doch unter irgend einem Vorwand bei meiner sterbenden Charis geblieben und nicht in die Schule gegangen! Vielleicht hätte ich ihr das schmerzvolle Ende, das ihr der Arzt bereitete, und mir das grauenvolle Erlebnis, das mich bis ans Lebensende verfolgen wird, ersparen können. Wie hätte ich handeln sollen? Bin ich schuldig geworden? Diese Fragen stelle ich mir heute noch, wenn ich an Charis trauriges Ende denke.

Ich war mit dem toten Tier und mit Asko, der still im oberen Zimmer auf dem Sofa saß und ganz verstört war, allein im Hause. Ich weinte mich, ihn fest an mich drückend, aus, so laut und heftig wie ich es musste. Mein Mann kam erst abends aus Potsdam, meine Eltern waren nicht im Haus geblieben. Sie hätten auch nicht helfen können. Es dämmerte, als wir unsere gute Charis zur letzten Ruhe betteten.

Es war zwar zunächst nur ein schwacher Trost, dass ich Asko noch hatte, aber ich war doch sehr dankbar, dass wenigstens er noch an meiner Seite war. Mehr denn je widmete ich mich ihm, und wie gut verstand er es, mich zu trösten, mich aufzumuntern, wenn ich bei der Beschäftigung mit ihm plötzlich still wurde und zu grübeln anfing. Zum Glück hatte ich noch meinen Asko, der mir half, den tiefen Schmerz zu überwinden.

Ich weiß, dass viele Hundefreunde der Meinung sind: „Solch einen Hund bekomme ich nie wieder! Ich will nun keinen mehr haben." Aber ich habe die Erfahrung gemacht, dass jeder Hund, vor allem, wenn er als Welpe ins Haus kommt, das Herz seines „Herrchens" oder „Frauchens" im Sturm erobert, wenn man ihn liebevoll aufnimmt und dass er, möglicherweise auf andere Art als sein Vorgänger, auf alle Fälle aber genauso liebenswert sein kann.

Ich bin der Auffassung, dass es vorteilhaft ist, bei der gleichen Rasse zu bleiben, deren Eigenschaften man kennt und lieb gewonnen hat, weil möglicherweise andernfalls die Gefahr besteht, einen Vergleich zu machen, der ungerechterweise zum Nachteil des andersrassigen Hundes ausfallen kann, was die Entwicklung der harmonischen Beziehung zwischen Mensch und Hund beeinträchtigen könnte.

Mehr und mehr lebte und gedieh Asko zu unser aller Freude. Hätte ich seine Ahnentafel besessen, so wäre ich wohl auch einmal zu einer Ausstellung gefahren. Ja, gefahren, denn wir hatten endlich wieder ein Auto, einen Trabant 500, ganz neu! Wir nannten ihn „Kasimir I", den hübschen hellblauen Wagen, auf den wir richtig stolz waren und durch den wir vor allem wieder beweglicher wurden. Asko fuhr gern Auto. Seine längste Fahrt war die Reise nach Dresden. Die Menschen, die Asko gekannt hatten, wohnten nicht mehr dort, und so konnte ich ihnen den Prachtkerl auch nicht vorstellen.

Asko, der im Alter von 5 Jahren zu uns gekommen war und sich so gut entwickelt hatte, konnte inzwischen auf das schöne Hundealter von 13 Jahren zurückblicken. Leider machte sich das Alter nun auch bemerkbar: Asko hörte nicht mehr so gut, und weit laufen wollte er auch nicht mehr gern. Ansonsten ging es ihm aber gut. Das Futter schmeckte, die Hühner und Katzen der Nachbarn wurden weiterhin verfolgt, und er ließ sich pflegen und abliebeln wie eh und je.

Im Jahre 1967 fuhren mein Mann und ich zum zweiten Mal mit unserem „Kasimir" nach Budapest. Asko wussten wir bei den Eltern in guten Händen. Zwar hatten wir 1966 gute Erfahrungen mit dem damals noch ziemlich neuen Tierheim in Übigau gemacht, wollten aber den Hund in diesem Jahr nicht aus seiner vertrauten Umgebung nehmen, und da wir nicht wussten, was die beiden Damen, bei denen wir in Budapest wohnten, betreffs Askos sagen würden, getrauten wir uns also nicht, den Hund mitreisen zu lassen. Die Reise war ja ohnehin für uns (und Kasimir) ein damals seltenes und anstrengendes Unternehmen, zumal etwa gar mit einem Hund.

Asko schaute uns sehr traurig nach, als „Kasimir" mit uns hinaus aus dem Tor in die weite Ferne rollte. Wir wussten

Asko bei den Eltern, auf seinem Territorium, in guten Händen, hatten alles für seine Ernährung vorbereitet (soweit das möglich war) und doch war mir sehr schwer ums Herz. Vater war, was nun auch große Sorgen bereitete, gesundheitlich bei unserer Abreise nicht ganz in Ordnung gewesen, Asko war alt geworden. „Aber der Wagen, der rollt ...!" Es blieb mir zunächst, bis der 1. Brief unserer treuen Mutter eintreffen würde, in welchem sie, wie sie das zu tun pflegte, genau über alles von daheim berichtete, nichts anderes übrig, als zu hoffen, dass auch in diesem Sommer alles gut gehen würde. Freudig begrüßten uns die Damen, zwei Schwestern, als wir bei ihnen in Budapest angelangt waren. Die „Wágner-Mama" und „Imusch-Tante" sprachen kein Wort Deutsch. Auf diese Weise waren wir sehr schnell gezwungen, die ungarische Sprache zu erlernen. Wer sie kennt, weiß, wie schwierig sie ist. Da ist mit Kenntnissen der russischen und englischen Sprache keine Hilfe möglich, sofern die Gastgeber diese Sprachen nicht beherrschen. Aber es gefiel uns nicht nur wieder in dieser herrlichen Stadt, sondern wir fühlten uns bei den Damen auch sehr wohl. Selbstverständlich besuchten wir auch in diesem Jahr, außer den Bädern und all den vielen Sehenswürdigkeiten, den großen Tierpark. Dort ließ ich mich mit einem halbwüchsigen Braunbären im Käfig fotografieren. Ich hielt den in Zukker getauchten Nuckel, an dem er, leise brummend und mich intensiv fixierend, nuckelte, sehr fest, während er seine Tatze auf meine Hand legte und sprach leise und beruhigend auf den „Teddy" ein. Nach ca. 20 min konnte ich das Foto abholen. Die Fotografin bescheinigte mir beim Abholen des Fotos viel Mut. Sehr viele Bürger, gab sie uns zu verstehen, wagten es nicht, sich mit einem solchen Partner fotografieren zu lassen. (In einem späteren Jahr wurde mein Foto-Partner im Budapester Tierpark ein junger Löwe. Beide Fotos gehören natürlich zu den Kostbarkeiten meiner Fotosammlung!) Und dann blieb ich überrascht vor einem großen Zwinger stehen, in dem sich ungarisch Hirtenhunde befanden: Komondore, Pulis, Pumis, Kuvasz' waren in einigen Zwingern untergebracht. Sie verhielten sich zum Teil sehr scheu, zum Teil recht angriffslustig. Hier blieben wir sehr lange, länger als vor den vielen anderen

Zwingern und Freianlagen stehen. Ungarische Hirtenhunde! An meine gute, alte Charis musste ich denken, als ich die Zottelhunde, die Komodore und die Pulis sah und Tränen füllten meine Augen. Ich genierte mich ihrer nicht. „Die Tiere werden ja zum Verkauf angeboten!", rief mein Mann plötzlich aus. Tatsächlich, da stand, dass man einen dieser Hunde für 500 bzw. 1000 Ft kaufen könne. Aber wir hatten nicht so viel Geld, und wohin mit dem Hund? Und was würde Asko dazu „sagen"? usw. Also, das geht nicht, wirklich nicht! Darüber waren wir uns schnell einig. Doch jedes Jahr, wenn wir nach Budapest kamen (wir verlebten 23 Jahre lang unseren Sommerurlaub in dieser Stadt), standen wir besonders lange vor den Zwingern, solange diese dort zu sehen waren. Wenn ich mich recht erinnere, war später von einem Verkauf nicht mehr die Rede gewesen.

In diesen Ungarnferien, ich komme später noch darauf zurück, konnte ich erfahren, dass die Ungarn sehr große Hundeliebhaber sind. Was mir jedoch nicht gefiel, war der Verkauf von Welpen auf der Straße. Da wurden die Kleinen aus dem Korb genommen und auf den von der Sonne stark erhitzten Gehweg gesetzt, wo sie klagend umherkrabbelten, dass einem das Herz wehtat. Ja, wenn's ums Geschäft geht ...! Allerdings beobachtete ich diese Art von Hundeverkauf nur in den ersten Jahren in Budapest. Einmal sahen mein Mann und ich einen kleinen Jungen, der einer Taube Futter hinstreute. Nur diese eine Taube kam immer wieder vertrauensvoll in seine Nähe, um sich verwöhnen zu lassen. Als wir näher herankamen, entdeckten wir, dass der vermeintliche Tierfreund eine Schlinge handhabte, um die Taube beim Fressen zu fangen. Noch ehe wir etwas sagen konnten, näherte sich dem Bengel ein Polizist und verabreichte ihm eine kräftige Ohrfeige. Heulend zog sich der Junge zurück. Und dann bekam er noch eine deftige Strafpredigt zu hören. Inzwischen hatten sich immer mehr Menschen angesammelt. Alle schimpften laut durcheinander, aber ... alle schienen auf den Polizisten zu schimpfen. Mein Mann, der sprachbegabter ist als ich und dem temperamentvollen Polizisten zugehört hatte, der sich gegen die Menge wehren musste, erfuhr, dass dieser den Jungen mehrmals ermahnt hatte, von seinem Tun zu lassen. Doch das war vergebliche Mühe gewesen, wie wir erlebt hatten. Nun ja, die Ohrfeige war wohl auch nicht die richtige pädagogische Maßnahme gewesen. Trotzdem stellte ich mich auf die Seite des Polizisten und verteidigte ihn. Obwohl es in der Menge sicher nur wenige Menschen gab, die die deutsche Sprache verstanden, schimpfte ich mit dem Polizisten um die Wette. Ich glaube, ich war der einzige Mensch, der sich auf die Seite des Mannes stellte. Bald blitzten mich einige Augenpaare an, sodass mein Mann mir riet, es sei besser, sich jetzt zurückzuziehen, was wir auch taten. Ich war so aufgeregt durch dieses Geschehen, dass ich mich lange nicht beruhigen konnte. Desgleichen erlebten wir aber in Budapest niemals wieder.

Meine Mutter schrieb uns fleißig, denn sie wusste, dass ich mir Sorgen um sie und Vater und natürlich auch um unseren alten Asko machte. In einem der letzten Briefe deutete sie an, dass Asko sich nicht wohl fühle, was mich nun zu bedrücken begann.

Auf der Rückreise von Budapest blieben wir noch einen Tag in Prag. Dieses Mal wollten wir zum „Goldenen Brünnel" hinauf. Ich ahnte nicht, dass in dieser Stunde daheim unser armer Asko den Gnadenschuss erhielt, der sein Leiden beendete!

Im nächsten Brief meiner Mutter, den wir in Dresden erhielten, schrieb sie zu meinem großen Entsetzen, dass Asko an einer Verletzung am Bauch gelitten hatte, und da kein Tierarzt zu erreichen gewesen war, habe sich Vater auf den Weg zum Förster begeben, der das leidende Tier erlöste. Ich habe niemals etwas genaues über Askos Leiden erfahren können, nur so viel wusste ich, dass er eine Wunde am Leib und Schmerzen gehabt hatte, dass er zuletzt völlig apathisch im Garten gelegen und ihm der alte Förster den Gnadenschuss gegeben hatte.

Meine Trauer um den Hund überschattete die letzten Urlaubstage in Dresden. Hinzu kam das bohrende Schuldgefühl, den alten Hund den Eltern überlassen zu haben, die selbst alt und kränklich, in der Not keinen Rat gewusst hatten. Traurig kehrten wir heim. In einer geliehenen Vase, die ich die Fahrt von Dresden nach Weißwasser über in den Händen hielt, standen Gladiolen. Ein Gartenbesitzer hatte sie mir verkauft, da der Heimreisetag ein Sonntag und die Läden in Dresden geschlossen waren. Nun erst erfuhr ich, welche Mühe es Vater gekostet hatte, den Förster zu holen. Es war ein heißer Tag gewesen, und Vater war doch gesundheitlich noch nicht auf der Höhe. Die Eltern zeigten mir, wo sie Asko begraben hatten, und ich stellte ihm die Gladiolen aufs Grab. Mein Kummer war groß. Ich machte mir dauernd Vorwürfe. Hätte ich doch das Tier nach Übigau ins Tierheim gegeben! Dort war ständig ein Arzt im Hause, der sich um den Hund gekümmert hätte.

13 Jahre und 6 Monate alt war Asko, mein erster Chow Chow, geworden. Das ist ein schönes Alter. Doch ein solch trauriges Ende hätte er nicht haben müssen. Überall im Garten waren noch die Spuren seiner Tatzen zu sehen. Knochen, an denen er geknabbert hatte, lagen noch herum. Und seine Futter- und Wasserschüsseln standen auf dem Podest. Im Flur hingen sein Geschirr und die Leine. Mir war so bange ums Herz. „Ruthild", sagte meine Mutter, „nimm dir bitte keinen Hund mehr ins Haus! Es war zu furchtbar, was wir in eurer Abwesenheit erlebt haben. Ihr fahrt wiedermal weg, vor allem im Sommer, da seid ihr so weit fort und so lange. Wir werden älter und können euch nicht mehr so helfen wie früher. Du wirst verstehen, dass Vater und ich diese Ängste und Sorgen nicht mehr erleben wollen. Keinen Hund mehr, Ruthild, ich bitte dich sehr!"

Das neue Schuljahr begann. Die Kinder fragten nach Asko. Und immer noch waren seine Spuren zu sehen, vor allem die Fußabdrücke im Garten und in der behelfsmäßigen Garage, die noch keinen Betonfußboden hatte. Hier kam der Regen nicht hin, dadurch waren sie noch lange Zeit gut erhalten. Natürlich bedurfte es nicht der Spuren, um an Asko zu denken, was immer wieder schmerzhaft war. Ich kam nicht mehr zur Ruhe. Das neue Schuljahr lief in seinen festen Bahnen. Der Herbst klopfte leise an, und meine Unruhe wurde stärker, meine Sehnsucht wuchs, die Sehnsucht nach einem Hund. Unvorstellbar in dem Haus auf dem schönen Grundstück zu leben ohne einen Hund! Wie lange sollte ich das aushalten? Wir schrieben das Jahr 1967. Ich war 41 Jahre alt. Seit meinem 16. Lebensjahr hatten wir, mit kurzen Unterbrechungen, einen Hund gehabt. Dann wieder sah ich die Zäunchen und anderen „Absperrungen", die die Beete im Garten vor dem Betreten eines Hundes schützen sollten, dachte an unsere für 1968 geplante 3. Ungarnreise und an das Versprechen, das ich meiner Mutter gegeben hatte: Niemals wieder einen Hund!

Und dann ging alles ganz schnell. Alles Für und Wider war ausgelöscht, alle Bedenken waren verdrängt, als ich eines Tages in einer unserer Zeitungen las, dass ein Züchter Chow Chow-Welpen verkauft. Ein Chow Chow! Natürlich, nur ein Chow Chow kam in Frage! Der Züchter hatte seine Telefonnummer mit angegeben, sodass wir uns per Telefon mit ihm in Verbindung setzten konnten. Jetzt gab es für mich kein Halten, kein Überlegen mehr. Jetzt musste ich kämpfen, kämpfen um die Erlaubnis meiner Eltern, wieder einen Hund halten zu dürfen, denn sie waren die Haus- und Grundstücksbesitzer, und außerdem waren sie schließlich meine lieben Eltern, denen ich versprochen hatte, ihnen in ihrem Alter nicht wieder einen solchen Kummer zu bereiten. Die Aussprache mit ihnen stand mir nun bevor. Schnell musste alles gehen, denn sonst kam ich zum Kauf vielleicht zu spät. Ich wusste, dass Chow Chow-Welpen ziemlich selten angeboten wurden und wollte die Chance nicht verpassen. Also hieß es, mutig voran und schnell handeln! Ich hatte meine Eltern schneller gewonnen als ich dachte. Es wurde jedoch so eine Art Vertrag geschlossen: „Ihr müsst aber den Hund mit in den Urlaub nehmen", meinte meine Mutter. „Und ich bitte euch herzlich, die Zäunchen wegräumen zu dürfen!" erwiderte ich. Es wurde noch dies und jenes besprochen und versprochen und dann, o Glück, konnte ich mich bei dem Züchter melden, d.h. mein Mann rief dort an und bat um einen roten Rüden. Wir wollten ihn zum gegebenen Zeitpunkt, zu dem die Welpen verkauft werden sollten, mit „Kasimir" abholen. Meine Freude war unbeschreiblich. In der „Wartezeit", die mir wie eine Ewigkeit erschien, beschäftigte ich mich mit Lektüre, die den Chow Chow beschrieb, und ich erfuhr eine Menge interessanter

Dinge, von denen ich keine Ahnung gehabt hatte. Ich möchte meine lieben Leser an dieser Stelle mit dieser wunderbaren Hunderasse vertraut machen, bevor ich weiter in meinen Erinnerungen „kramen" werde.

Der Chow Chow

„Der Chow Chow ist eine althergebrachte Rasse, denn er existierte in den Hauptzügen seiner heutigen Gestalt schon zweitausend Jahre vor unserer Zeitrechnung ...

Den ostasiatischen Sagen nach soll der Chow Chow vom Bären abstammen, weil für beide Tiere eine große Festigkeit in der Beinstellung bezeichnend ist ...

Die neusten Erkenntnisse führen zu der Folgerung, dass die Urheimat des Chow Chow wahrscheinlich in der Mandschurei liegt, wo dieser Hund seit undenklichen Zeiten in den unwirtlichen Felsenmassen und Wäldern der Gebirgslandschaft als Jagdhund verwendet wurde. Der Chow Chow hat eine steile Haltung der Hinterläufe und kann sich deshalb gut auch auf einem unwegsamen Terrain bewegen ...

Bei der Jagdausübung verlässt sich der Chow Chow nicht nur auf seinen Geruchssinn, sondern auch auf seine Sehkraft, die bei ihm so vorzüglich entwickelt ist wie beim Windhund. Er wurde außer als Jagdhund noch als Schlitten- und Hirtenhund verwendet, weil er die angeborene Zähigkeit, Wachsamkeit und Unbestechlichkeit eines verlässlichen Wachhundes hat. In den chinesischen Provinzen Quantung und Quan-su wurden noch vor kurzem und werden vielleicht noch heute Hunde als Schlachttiere gehalten... Der Name des Chow Chow ist chinesischen Ursprungs. Seine Bedeutung kann man auf verschiedene Art auslegen. Man behauptet, dass „Chow" etwa „gut – gute Nahrung – essbar" bedeutet, aber auch „wachsam – klug – gewandt." Doch gibt es auch andere Auslegungen ... Im Jahre 1895 wurde in England ein Chow Chow Klub gegründet, und zwei Jahre darauf führte man den Chow Chow bereits auf einer Hundeausstellung in New York vor. So wurden z. B. im Jahre 1925 für einen hervorragenden Chow Chow 1800 Pfund

Sterling bezahlt, was damals ein ganzes Vermögen war. Nach Mitteleuropa kam diese Rasse in der Zeitspanne zwischen den beiden Weltkriegen und dann hauptsächlich nach dem zweiten Weltkrieg.

Den Hundeliebhaber zieht die exotische Schönheit des Chow Chow und sein eigenartiges, anscheinend unergründliches Wesen an. Ein Chow Chow ist eine Persönlichkeit, ein Individuum, er bleibt stets sein eigener Herr, nie wird er zum Sklaven eines fremden Willens. ... Er verlangt volle Respektierung seiner Individualität. Der Chow Chow ist anspruchslos, zurückhaltend, ruhig und sehr reinlichkeitsliebend. ... Zur Außenwelt, seine Familie ausgenommen, verhält er sich sehr selbstbewusst und geringschätzig. Unterwürfigkeit und Sklaverei sind für ihn unbekannte Begriffe. ... Hinsichtlich der Folgsamkeit nimmt er eine Sonderstellung ein. Man kann nicht sagen, er sei ungehorsam. Wollen wir jedoch seine Gehorsamkeit beurteilen, müssen wir die angeborene Mentalität des Chow Chow in Erwägung ziehen. Er unterscheidet nämlich ganz genau, wer von ihm etwas verlangt. Den Halter eines Deutschen Schäferhundes würde er sehr bald aus der Fassung bringen. Ein Schäferhund ordnet sich dem gegebenen Befehl sofort unter. Nicht aber ein Chow Chow. Er hört zwar gut jeden noch so leisen Befehl oder Wink, doch es scheint, als ob er zunächst darüber nachdenken müsste, ob die Erfüllung der Befehle zweckmäßig und nötig sei. ... Sein Selbstbewusstsein und seine Eigenart gibt er auch bei Spaziergängen zu erkennen, indem er bestrebt ist, den Rhythmus der Gangart selbst zu bestimmen. ... Er ist kein Raufer und behält lange seine Ruhe, aber kommt es zu einer Rauferei, dann kämpft er mit sportlichem Elan. ... Will er angreifen, gibt er keinen Warnlaut von sich. Scheu oder Furcht sind ihm absolut fremd. Er braucht ein Familienmilieu und eine enge Beziehung zum Herrn, dem er eine unendliche Liebe entgegenzubringen vermag. ... Der Chow Chow ist gegen die Stimmung im Haus sehr empfindsam. Falls er wahrnimmt, dass seinen Herrn Kummer und Trauer bedrücken, vermag er ihn sehr wirkungsvoll zu trösten. ... Wer einen Hund von außergewöhnlichem Charakter sucht und keinen Sklaven, sondern einen Kameraden gewinnen will, wer über eine ausreichende Fähigkeit verfügt, sich in die Seelentiefen eines anderen Wesens einzuleben und sich ihm anzupassen vermag, findet im Chow Chow den treuesten Freund, den man sich nur vorstellen kann. Der Chow Chow ist ein einzigartiger Hund – doch nicht für jedermann." (Internationale Hunderevue 1968, 2)

Aus einem alten Büchlein entnahm ich, dass der mandschurische Jäger mit einem Team von fünf Chow Chows in den felsigen Gebirgen auf Bärenjagd ging. Vier der Hunde hetzten, ein fünfter wurde als Killer angesetzt. Auch erfuhr ich aus diesem Büchlein, dass die ersten Chow Chows in Europa in Raubtierwagen dem staunenden Publikum auf Jahrmärkten gezeigt wurden, und bekannt ist sicher auch die Geschichte von dem berühmten Denkmal in Tokio vor der Bahnstation Shibuya, das als steinernes Zeugnis der Treue des Chow Chows „Haschiko" zu seinem Herrn errichtet wurde. Es muss schließlich bemerkt werden, dass längst nicht alles Wissenswertes über diese Hunderasse erforscht werden konnte. Doch wer das Glück hat, einen solchen Hund zu besitzen und wer zudem eben nicht „jedermann" ist, weiß ihn hoch zu schätzen und richtig zu behandeln, ihn, einen der feinnervigsten, selbstbewusstesten, würdevollsten Hunde, die es gibt. Ein aggressiver, ja bissiger Chow Chow ist immer das Opfer von Unkenntnis und demzufolge falscher Behandlung seines Besitzers. Wenn ich einen Chow Chow-Welpen vermittelte, nahm ich mir (und forderte das auch vom zukünftigen Besitzer) immer ausreichend Zeit, um ihn in die Geheimnisse des Wesens dieser Hunderasse „einzuweisen" und ihn zu informieren. Stets stellte ich noch am Schluss die Frage: „Wollen Sie nun noch immer einen Chow Chow oder vielleicht doch lieber einen Pudel oder einen anderen Hund?" Leider zeigte sich, dass der vermittelte Chow Chow in einem Fall doch in die falschen Hände kam, was mir sehr leid tat.

Wie freute ich mich auf den kleinen „Teddy", meinen ersten Chow Chow-Welpen! Ein Chow Chow-Welpe sieht ja nun wirklich aus, als stamme er aus dem Spielzeuggeschäft. Der niedliche Kerl kann durch sein drolliges Aussehen nur allzu schnell Kinder und auch Erwachsene dazu verführen, ihn als Spielzeug zu betrachten und leider auch zu behandeln. Dabei ist gerade solch ein Chow Chow-Kind, mehr noch als Welpen anderer Rassen, alles andere als ein geduldiger Spielgefährte. Für einen Chow Chow, auch das ist zu bedenken, ist alles Ernst, was auch immer wie Spiel aussehen mag. Er bestimmt auch, wann die Beschäftigung der Kinder mit „seiner Majestät" aufzuhören hat, wie weit die Kinder ihr Spiel mit ihm betreiben dürfen, und leicht kann es da schon zu recht unerfreulichen Reaktionen des Hundes den Kindern gegenüber kommen. Auch liebt nicht nur der junge Chow Chow viel Schlaf, der ihm unbedingt zu gewähren ist. Selbstverständlich darf er in diesem Zustand nicht im Geringsten gestört werden. Überhaupt sollten die Erwachsenen in der Familie, die einen Chow Chow aufgenommen hat, sehr wachsam sein und keinesfalls die Pflege und Wartung ihres Hundes Kindern unbeaufsichtigt überlassen. Schaden, der bei der Entwicklung des Tieres sehr schnell durch falsche Behandlung angerichtet werden kann, ist schwerlich später wieder gut zu machen. Dann heißt es gar bald: Der Chow Chow ist falsch! Oder, wenn die Kinder ihm keine Kunststückchen beibringen können, bzw. er keinen Gehorsam leistet: Der Chow Chow ist dumm!

Es ist nun einmal so, saß der Chow Chow auch bestimmt, wann und bis wann man ihn liebkosen und gar liebevoll umarmen darf. Das alles, liebe Leser, musste auch ich erst erfahren, obwohl ich mich doch über das, was schwarz auf weiß über den Chow Chow geschrieben stand, informiert hatte, so weit das damals möglich gewesen war.

Mein erster Chow Chow-Welpe

Als nun endlich der ersehnte Tag näher kam, an dem ich meinen zukünftigen Kameraden in Empfang nehmen sollte, besorgte ich, in der Annahme, dass das notwendig sei, einen neuen Wäschekorb sowie ein grünes Pudelgeschirr für meinen kleinen Roten. Der Wäschekorb wurde auf die Sitzbank von

„Kasimir" gestellt, darin sollte der Welpe transportiert werden. Nun begann die Fahrt. In Delitzsch angekommen, fragten wir jemanden nach der Straße, in der unser Züchter wohnte. Er und seine Frau waren aktiv als Züchter und Mitglieder des Verbands der Kleingärtner, Siedler und Kleintierzüchter, Sparte Chow Chow, tätig. Endlich hatten wir die hohe Mauer, die ein großes, parkähnliches Grundstück umschloss, gefunden. Das Motorengeräusch und schließlich die Klingel hatten die dort herumlaufenden Chow Chows veranlasst, an die Mauer zu kommen. Sie grollten mit ihren mir durch Asko so vertrauten Lauten und schnieften, den feinen Sand wegblasend, an dem Spalt zwischen Tor und Erdboden. Wir hörten, wie sie energisch weggerufen wurden und ahnten, dass sie eingesperrt werden mussten. So blieb mir glücklicherweise noch genügend Zeit, die Tränen abzuwischen, die mir plötzlich so heftig gekommen waren, als ich die mir so vertrauten Stimmen der Chows gehört hatte. Das große Tor öffnete sich, und herzlich wurden wir von dem Ehepaar empfangen. Auch „Kasimir" durfte mit hinein. Ein langer, breiter Weg führte uns zu einem großen Flachbau, den wir dann betraten. Beim Öffnen der Haustür ertönte das melodische Geläut einiger Glocken. Wir mussten Platz nehmen und unterhielten uns sogleich sehr angeregt. Zunächst erfuhren wir jedoch, dass kein Rüde mehr zu haben war, sondern drei Hündinnen zur Wahl standen. Für einen Augenblick waren wir enttäuscht. Doch dann entschlossen wir uns, um nicht unverrichteter Dinge heimfahren zu müssen, eine Hündin zu nehmen. Ich hatte doch Bedenken durch das Erlebnis mit Charis gehabt, als sie uns die vielen Kleinen beschert hatte und wusste, dass Hündinnen in der Zeit ihrer Läufigkeit Probleme bringen können. Als ich aber die drei Kleinen sah, die draußen herumpurzelten, waren meine Bedenken zerstreut. Zum ersten mal sah ich Chow Chow-Welpen in Wirklichkeit, nicht nur auf Fotos. Mir war klar, als ich bei ihnen kniete und sie abliebelte, dass mir die Entscheidung für einen von ihnen sehr, sehr schwer fallen würde. So beließ ich es zunächst dabei, die Mutter vorsichtig zu begrüßen. Ich fasste sie nicht sofort an, sondern sprach erst leise und beruhigend auf sie ein. Sie hatte eine wunderbare rote Haarfarbe und schaute mich aufmerksam an. Als wir wieder im Zimmer mit den Züchtern zusammen saßen, ließ ich mir alles erzählen, was ich als zukünftige Besitzerin eines Chow Chows zu beachten hatte, notierte mir, woraus sich das Futter für den Welpen zusammensetzen muss und was ich sonst noch wissen musste, z.B. auch die Wahl des Spielzeugs. Ich notierte: Tennisball. Ja, den wollte ich bald besorgen. Die Züchter rieten uns, Mitglieder der VKSK-Sparte „Chow Chow" zu werden und eventuell den Hund auch auszustellen. Das alles nahm nun erst einmal viel Zeit in Anspruch, und die „Würfel" waren noch nicht gefallen, welchen Welpen ich noch heute ans Herz drücken würde. Nun hatten wir Gelegenheit, die Zwinger mit den anderen Chow Chows zu besichtigen, desgleichen die „Wochenstube", in der die Kleinen vor 11 Wochen zur Welt gekommen waren. Die Chow Chows waren prächtige Tiere und mehr oder weniger freundlich: Misstrauisch betrachteten sie uns Fremde. Die Kleinen waren im Park unterwegs, und ich sah sie mir nochmals der Reihe nach an. Alle drei hatten wunderschöne chinesische Namen und gefielen mir sowohl vom Fell als auch vom Gebäude her. Zwei sahen einander sehr ähnlich. Ich bat die Züchter, den langhaarigsten Welpen aufnehmen zu dürfen. Er gefiel mir von der Haaranlage besonders gut. Die Kleine wurde gebürstet, auf den Tisch gesetzt und landete schließlich auf meinem Schoß, sich freundlich brummend immer wieder meinem Gesicht nähernd. „Nehmen Sie sich Zeit mit ihrer Entscheidung!" meinte die Züchterin. „Wir laden Sie ohnehin herzlich zum Abendbrot ein." Wir bedankten uns. Schließlich ging ich noch einmal hinaus, um mir die beiden anderen Welpen anzusehen. Eine der Kleinen stolperte gerade mit einer langen Rippe davon, die sie von dem Fleischberg, der sich auf einer Karre befand, geholt hatte. „Das ist A-Phong", bemerkte der Züchter. Ich nahm die Kleine mitsamt ihrer Beute hoch und sagte: „Ich möchte A-Phong. Sie hat ja so ein hübsches Köpfchen!" A-Phong wurde nun wie ihre Vorgängerin aufgebürstet, und ich war begeistert. Mein Mann war mit meiner Wahl einverstanden. Das Geschäftliche war bald erledigt. Die Züchter erklärten uns, dass uns die Ahnentafel zugeschickt werden würde. Vor Aufregung konnte ich kaum etwas von den angebotenen Speisen essen. Dann brachen wir auf. A-Phong hatte schnell noch versucht, die Rippe einzugraben. Die Züchter gaben uns als „Mitbringsel vom Daheim" für die kleine A-Phong noch einen großen Knochen mit, und dann sollte die Reise losgehen nach einem herzlichen Abschied und dem gegenseitigen Versprechen, in Verbindung zu bleiben.

In Dresden wollten wir tanken und die Tanten meines Mannes besuchen. „In den Korb können Sie A-Phong nicht tun. Sie bleibt dort nicht!", erklärte mir die Züchterin. Ich nickte verschämt. Hätte ich mir das nicht denken können? Unterwegs kletterte der Welpe aufs Hutbrett und blieb dort bis Dresden liegen. Wir wunderten uns manches Mal, dass uns schnellere Fahrzeuge lange nicht überholten. Sie wollten wohl erst wissen ob das hübsche „Maskottchen" aus einem Spielzeuggeschäft stamme oder ein lebendes ist. Ich glaube, es wäre besser gewesen, A-Phong auf den Schoß zu nehmen, statt sie so einsam auf dem Hutbrett zu lassen. Sie fürchtete ihr Leben lang das Auto und gewöhnte sich trotz der vielen und oftmals langen Autofahrten nicht daran. Möglicherweise war daran die erste Autofahrt ihres Lebens schuld. Sie hatte sich nicht sicher gefühlt. Einen weiteren Fehler beging ich an der Tankstelle, als ich die Kleine nur mit der Schlinge einer Leine um den Hals ihr Pfützchen machen ließ. Das tat sie auch augenblicklich, wollte jedoch dann mit einem Satz davonstürmen. Dabei zog sich die Schlinge fester zu. Ich hob das Tier sofort hoch. In ihrer Angst biss sie mir die rechte Hand mit ihren spitzen Zähnen blutig und verrichtete das „große Geschäft" an meinem Faltenrock. Ich ärgerte mich sehr, sie so erschreckt zu haben. Als wir bei den Tanten in Dresden ausgestiegen waren und ich A-Phong auf den Arm nehmen wollte, biss sie wütend nach mir, sodass uns nichts anderes übrig blieb, als sie im Korb hinauf zur Wohnung zu transportieren. Sie wanderte im Zimmer umher und legte sich, nachdem sie etwas Wasser getrunken und missmutig ihren heimischen Knochen benagt hatte, unter dem Tisch zur Ruhe, sodass keiner von uns die Füße ausstrecken konnte. Eine anregende Tasse Kaffee half meinem Mann und mir wieder „auf die Beine". Am Schluss unseres kurzen Besuches rollten wir die kleine „Giftnudel" wieder in den Korb, stellten ihn auf die hintere Sitzbank des Autos und drängten die Kinderschar, die sich in wenigen Minuten um den Korb angesammelt hatte und das Auto belagerte, beiseite. Ab ging die Fahrt in A-Phongs neues Zuhause. Während der Fahrt überlegte ich, ob ich der Hündin nicht einen klangvolleren Namen geben sollte. So hübsch ihr Rufname laut Ahnentafel auch war, er war doch recht lautarm, jedenfalls bildete ich mir das ein. (Später habe ich oft die Namensänderung bereut.) Mir fiel der Name unserer Schildkröte Tessi ein. Die S-Laute schienen mir in diesem Namen sehr geeignet als Rufname, wusste ich doch damals bereits, wie ein Chow Chow auf einen Befehl reagiert.

Meinen Eltern stellte ich A-Phong am Abend gleich als Tessi vor. Wir wohnten 1967 noch im 1. Stock. Damit Tessi nicht die 14 Treppenstufen hinaufklettern musste, trug ich sie auf dem Arm. Unsere Bettcouch, unter der Tessi in der ersten Nacht schlafen wollte, trotz anderer weniger gefahrvoller Lager, die ich ihr anbot, erschien mir nicht als geeignetes Nachtlager. Ein Teil der Couch ruhte nämlich auf zwei schweren Holzklötzen, da das zierliche Gestell gebrochen war. So ließ ich die Kleine unten bei den Eltern in der Küche schlafen, was ihr auch gefiel. Sie lehnte auch hier eine Decke ab und schlief auf dem Linoleumfußboden. Sie war das harte, kühle Lager sicher vom Zwinger her gewöhnt. Bevor ich das Licht löschte, fand stets noch eine kleine Zeremonie statt: Ich fuhr langsam mit dem Mopp im Kreis um das rote Knäuel herum. Tessi tastete müde nach dem weichen Mopp. Dann schlief sie, und zwar von der ersten Nacht an, still ein, bis der Morgen graute und ich sie hinaus ließ in den Garten.

Das Gartentor wurde stets geschlossen gehalten, sodass sie nicht durch einen „Soloausflug" in Gefahr geraten konnte. Leider war der Zaun zum Nachbargrundstück nicht dicht. So entwich sie doch ab und an einmal dort hinüber, von wo ich sie dann eiligst zurückholen musste, zumal der Nachbar Hühner hatte. Für die Zeit der Reparatur des Zaunes setzte ich deshalb Tessi auf ein kleines, gut abgegrenztes Gartenstück. Auf diesem befand sich ein Stoß aus langen Baumstämmen.

Dort oben lag Tessi gern. Wenn ich nun am Küchentisch, mit Blick in den Garten, meine Schularbeiten erledigte, unterbrach ich diese sehr oft, um nach ihr zu sehen. Mir fiel eines Tages auf, dass auf diesem Holzstoß etwas Schwarzes lag und als ich, beruhigt, dass Tessi munter herum spazierte, näher trat, entpuppte sich das schwarze Etwas als eine große Krähe. Sie hatte die Flügel weit ausgebreitet und gab kein Lebenszeichen von sich. Als ich sie hochhob, fiel ihr Kopf auf die Seite, und da sah ich, dass ihr Genick durchgebissen war. Kaum ein Tröpfchen Blut war zu entdecken. Das musste Tessis Werk sein. Ich nehme an, dass die Krähe sich auf den Hund gestürzt hatte im Glauben, sie habe eine Beute vor sich, die zu bewältigen sei. Da hatte sie sich aber geirrt und den Irrtum mit dem Leben bezahlen müssen.

Als der Zaun in Ordnung war, konnte Tessi wieder ihr großes Territorium abwandern, was sie natürlich mit dem größten Vergnügen tat. Alle restlichen Absperrungen, die noch aus Askos Zeiten vorhanden waren, ließ ich nach und nach verschwinden, sodass der Kleinen kein Hindernis mehr die Wege versperrte. Mir fiel auf, dass sie, wenn sie so flott herum spazierte, recht kokett mit ihrem kleinen, wolligen Hinterteil und dem lustig geringelten Rütlein wackelte, etwa so wie es eine Filmdiva zu tun pflegte. Das hatte ich weder bei den Welpen Ali noch Arko gesehen. Ich ahnte damals nicht, dass diese Art von Bewegung keinesfalls eine lustige Angelegenheit, sondern der allererste Hinweis auf ein weit verbreitetes, unheilbares Leiden war. Auch wunderte ich mich, dass Tessi, wenn ich sie zu ihrer und meiner Freude in ihrem niedlichen, grünen Geschirr spazieren führte, nach kurzer Zeit etwas weißen Schaum an der Nase hatte. Was mochte das wohl zu bedeuten haben? Lange bevor ich auf diese Frage eine Antwort erhielt, passierte etwas recht Trauriges, was nicht nur die ganze Familie erschütterte, sondern auch den Tierärzten, die wir konsultierten, ein Rätsel aufgab: Tessi konnte plötzlich nicht mehr laufen. Sie saß unglücklich herum, auch ein Ausflugsversuch bei geöffnetem Gartentor war unmöglich. Die Nachbarin wusste zu berichten, dass Tessi in einem ihrer „Fröhlichkeitskoller" durch den Garten gesaust sei und plötzlich aufgeschrien habe.

Über die nach und nach eingeebneten Beete, war mit der Zeit Gras gewachsen. Die Wiese aber war an einigen Stellen uneben geblieben. An einer solchen Stelle musste Tessi gestolpert sein. Wir vermuteten eine Art Verstauchung, konsultierten aber vorsichtshalber unseren Kreistierarzt, der zwar keine Praxis besaß, jedoch die Impfungen vornahm und sich in rührender Weise um unsere Tessi bemühte. Gemeinsam mit ihm fuhren wir zu einem praktizierenden Kollegen in unserem Bezirk. Als dieser das kleine Häufchen Unglück in seiner Kellerpraxis auf dem Tisch hatte, empfahl er uns, Tessi töten zu lassen. Wir stimmten dem Todesurteil unserer geliebten Kleinen selbstverständlich nicht zu. Wir fuhren zunächst wieder heim, ohne weiter etwas zu unternehmen. Allmählich besserte sich Tessis Zustand, lediglich das leichte Schleppen eines hinteren Laufes blieb zurück. Wir meinten, das würde sich auch noch geben. Eine Einladung zur 1. Hundeausstellung, die in M. stattfinden sollte, flatterte ins Haus, und unsere Züchter baten uns, Tessi in der Nachwuchsklasse zu melden. Mein Mann war inzwischen auch Mitglied des VKSK, Sparte Chow Chow-Züchter, in Cottbus geworden. Wir füllten die für die Ausstellung notwendigen Formulare aus und reisten mit Tessi nach Delitzsch. Dort durften wir bei unseren Züchtern übernachten, um am nächsten Tag frühzeitig nach M. aufzubrechen. Unsere Züchter hatten die Absicht, Tessis Mama auszustellen. Als sie jedoch Tessis leichtes Hinken bemerkten, rieten sie uns von ihrer Ausstellung ab. Wir sollten aber trotzdem mitfahren, um uns einmal eine solche Chow Chow-Ausstellung zur Information für später anzuschauen. So starteten wir am nächsten Morgen in aller Frühe. Die Züchterin gab mir den Rat, bei unserer Ankunft auf dem Parkplatz des Ausstellungsgeländes Tessi im Auto zu lassen, da sie ja doch nicht in den Ring könne. Tessi tat mir leid. Bei leicht geöffnetem Fenster verblieb die Arme, nachdem ich ihr Wasser gegeben und sie kurz ausgeführt hatte, also im Auto. Schon dort auf dem Parkplatz begann mich das Fieber, das solch eine Hundeausstellungsatmosphäre mit sich bringt, zu packen. Aufgeregte Hundebesitzer samt Familien verließen mit ihren nicht minder aufgeregten Hunden die Autos und strömten mit

Sack und Pack der Ausstellungshalle zu, wo sie nach der Kontrolle der Veterinärzeugnisse auf ihren ihnen zugewiesenen Plätzen für den Tag bis zum späten Nachmittag ihr Domizil aufschlugen. Hundegebell und Stimmengewirr ertönten außer- und innerhalb der Halle. Doch dort, wo Abgrenzungen anzeigten, dass nur den Ausstellern und ihren Vierbeinern das Eintreten in den Ring gestattet ist, herrschte Ruhe. Hier waltete seine „Majestät", der Richter bzw. eine Richterin unerbittlich streng (das Urteil des Richters ist nicht anfechtbar). Hier herrschten Spannung und allerhöchste Aufregung, die auch die Zuschauer, die dicht gedrängt den Ring umgaben, ergriffen. Auf das Thema „Hundeausstellung" komme ich später noch in einem ausführlichen Bericht zurück. Immerhin bestritt ich 28 Ausstellungen und weiß also „ein Lied davon zu singen". In M. hatte mich jedenfalls damals die Ausstellungslust gepackt. Ich hätte gern unsere hübsche Tessi vorgestellt, aber Gang und Stellung des Tieres mussten ja tadellos sein, und das war zurzeit bei Tessi nicht der Fall. Ihre Mutter erhielt das Prädikat „Sehr gut" und dazu die rote Schnur. Wir traten die Heimreise an, nachdem sie gerichtet worden war, die gute Chin-Tan, die ich sehr lieb gewonnen hatte.

Als Tessi 1 Jahr alt geworden war, ließen wir sie in der Dresdener Bezirkstierklinik röntgen, denn wir mussten wissen, ob sie das so gefürchtete Leiden, die Hüftgelenkdysplasie (HD) hatte oder nicht oder ob wir zu den glücklichen Hundebesitzern zählten, deren Hund HD-frei ist. Noch ist nicht erforscht worden, wie es zu diesem Leiden, dessen Anlage erblich ist, überhaupt kommt. Es soll wohl hauptsächlich schwere Rassen heimsuchen, zu denen ja der Chow Chow gehört. Als unsere Tessi ihre Narkoseinjektion hinter sich hatte, wurde sie in ein Gestell auf den Rücken gelegt und ihre hinteren Gliedmaßen wurden weit auseinander gebogen. Trotz der starken Betäubung zuckte sie vor Schmerz zusammen. Dann erfolgte die Röntgenaufnahme. Ein Weilchen saßen wir danach mit der schlafenden Tessi im Warteraum, bis das Röntgenbild fertig war. Wir waren beide blass vor Aufregung, als uns der Arzt ins Behandlungszimmer rief und leise sagte: „Es sieht schlecht aus. Ihre Hündin hat mittelschwere HD." Mir stürzten die

Tränen aus den Augen. Ich konnte die hell erleuchtete Aufnahme kaum sehen, denn die Tränen hatten im Nu meine Brille benetzt. Ich trat näher an den Lichtkasten heran, nahm die Brille ab und sah nun: die Gelenkkugeln der Hüftgelenke saßen nicht fest in den viel zu flachen Pfannen, besonders auf einer Seite, sodass sie zu viel Spielraum hatten bei jeder Bewegung. So hatte ich nun eine bildschöne, junge Chow Chow-Hündin mit HD! Wir trugen Tessi ins Auto. Sie schlief fest, und wir fuhren heimwärts. Da hatte nun ihr Leben erst begonnen und nun dieses „halbe Todesurteil". „Gehen Sie niemals zu weite Strecken mit ihr! Schonen Sie ihren Hund!" hatte uns der Arzt geraten.

Reisen mit dem Hund

Als Tessi eineinhalb Jahre alt war, ging sie mit uns zum ersten Mal auf Fahrt. Für uns war es die 3. Fahrt mit „Kasimir" in unser geliebtes Budapest, wo wir inzwischen schon viele, liebe Freunde gewonnen hatten und uns sehr gut auskannten. Aber diesmal kam Tessi mit, und Tessi liebte das Reisen nicht! Es war heiß, und „Kasimir" bot nicht die Bequemlichkeit eines größeren Wagens. Nach der üblichen Übernachtung traten wir am Morgen des 16. Juli 1968 unsere Reise an. Bis Prag sollte es erst einmal gehen. Dort wollten wir wieder übernachten. An der Grenze in Zinnwald kontrollierte der Beamte das Veterinärzeugnis sowie Tessis Impfausweis. Im Nu hatten sich auf der tschechischen Seite einige Angehörige der Miliz an unserem Auto eingefunden, um die Schönheit des Hundes zu bestaunen. Im Auto war Tessi friedlich. Hier ließ sie sich sogar streicheln, was sonst, wenn ich sie nicht „mitkraulte", nicht der Fall war. Selbstverständlich wurde auf der Fahrt nach Prag Rast gemacht, mit Rücksicht auf den Hund, so gern mein Mann durchgefahren wäre, denn wir wussten ja nicht, ob wir in Prag ein Zimmer bekommen würden und wenn, ob wir den Hund mitnehmen dürften. Während der Fahrt sabberte Tessi so stark, dass ich ihr ein Tuch umbinden musste. Mittlerweile waren unsere Schultern feucht geworden, da sie ihren Kopf zwischen uns hindurchsteckte, um zu sehen, ob wir nicht bald am Ziel wären. Wenn Häuser auftauchten, stand sie sofort hechelnd auf, bereit zum Aussteigen aus dem ungeliebten „Kasimir". Ja, es genügte schon, dass mein Mann, „das Gas wegnahm", schwup, war sie da und schob ihren Schädel zwischen uns. In Prag bekamen wir glücklicherweise ein Hotelzimmer, in das wir Tessi mitnehmen durften. Die abendliche Runde auf dem Wenzelsplatz gefiel uns allen dreien, und in einer Gasse, in der ein Häufchen Sand zum Bauen lag, fand Tessi auch ihr „Örtchen". Natürlich erregte sie Aufsehen bei den hundefreundlichen Tschechen, und wir kamen dadurch nur sehr langsam vorwärts. Das „Örtchen" musste ich am Morgen vor der Abfahrt Richtung Brno wieder suchen. Als ich die Gasse entdeckt hatte, musste ich jedoch eine Straße überqueren, an der ein Milizionär den Verkehr regelte: Tessi, die sich durch die auf dem Gehweg des Wenzelsplatzes unablässig entlangströmenden Menschen gekämpft hatte, ohne getreten zu werden, wollte gern, wie ich auch, hinüber in die Gasse. Der Milizionär sah uns beide Verzweifelte, hielt den Verkehr an und winkte uns hinüber. Das fand ich sehr nett von ihm, und ich strahlte ihn dankbar an. Am „Örtchen" angelangt, brauchte Tessi lange Zeit, bis sie nach meinen vielen, nun schon ungeduldigen Aufforderungen endlich ein Pfützchen hinterließ. Mein Mann hatte voller Ungeduld auf uns gewartet. „Wir haben jetzt den größten Teil der Tour vor uns! Wir müssen fahren!" drängte er. Los ging's. Er ließ sich erweichen, unterwegs doch noch einmal Rast zu machen: Wasser für Tessi, Austreten gehen lassen, ein bisschen die Beine vertreten lassen! Was machte es aus, dass ich nicht zum Kaffeetrinken oder zu einem Imbiss gekommen war. Hauptsache, Tessi hatte alles, was sie brauchte. Die lange Strecke gefiel ihr ganz und gar nicht. Immer wieder hoffte sie, wir würden anhalten und aussteigen. Sie begann zu protestieren, indem sie sich einfach von der Sitzbank runtergleiten ließ, um dann hilflos zwischen einigen kleineren Gepäckstücken zu „hängen". Da mussten wir, zum Ärger meines Mannes, doch anhalten und das „ungezogene Kind" wieder auf den Rücksitz bugsieren. Diese Art Protest übte Tessi bis ins hohe Alter hinein aus, obwohl die

Autos größer und die Sitzbänke bequemer wurden. Am Abend hatten wir Brno erreicht. Das „Slovan-Hotel" hatte ein Dreibett-Zimmer für uns bereit, und Tessi war wieder Mittelpunkt, wo wir gingen und standen. „So", meinte mein Mann, als er nun aller Sorgen ledig war, „und jetzt ein gutes Pilsener, eisgekühlt!" Ich aber durfte an Hunger und Durst nicht sogleich denken. Erst war Tessi dran. Geschirr ab, Wasser geben, Futter auspacken und anbieten und dann „Gassel gehen" im nahe gelegenen Park und zwar so lange, bis alle „Geschäfte" erledigt waren. Schweißnass konnte dann auch ich in den kleinen Fahrstuhl steigen, der mich runter zum Restaurant fuhr. In einem der nächsten Jahre passierte es mir, dass beide Fahrstühle längere Zeit besetzt waren, weil eine Reisegruppe angekommen war. Ich musste mit Tessi vom 5. Stock aus die Treppe benutzen, um sie schnell noch am Abend in den Park zu führen. Als sie die vielen Treppenstufen – von den Fahrstühlen war nur noch einer in Betrieb, der andere besetzt - wieder zurück laufen sollte, streikte Tessi. Ich musste sie tragen. Dabei passierte es mir, dass ich mich verlief, so unglaublich das klingen mag. Obwohl ich kaum noch Stufe für Stufe erklimmen konnte mit meiner Last, trug ich sie hinauf in den 5. Stock. An diesem Abend war mir nach Ausgehen nicht mehr zumute, und ich bat meinen Mann, mir etwas zu essen und trinken ins Zimmer zu bringen und allein ins Restaurant zu gehen. Übrigens konnten wir Tessi stets einige Stunden im Zimmer lassen und weggehen. Allerdings wurde sie erst versorgt, der Raum ausgiebig gelüftet, bzw. das Fenster, wenn es hoch genug war, geöffnet gelassen. Trotzdem war ich stets in Unruhe und suchte unter irgendeinem Vorwand das Zimmer auf, um nach Tessi zu sehen. Oft blieb ich ein Weilchen bei ihr. Immer wenn wir gemütlich im Restaurant saßen, glaubte ich, es würde plötzlich jemand kommen und sagen: „Ihr Hund bellt im Zimmer!" Dabei wusste ich, dass Tessi niemals desgleichen tat, wie ich erfahren durfte. Lang war die Fahrt nach Budapest in der Hitze. Rast mit Übernachtung wurde hinter der tschechisch-ungarischen Grenze gemacht. Zum dritten Mal wohnten wir in dem kleinen Hotel und wurden herzlich begrüßt. Jedes Zimmerchen hatte einen Balkon. Das war Tessis größte Freude. Sie legte sich sofort auf die kühlen Fliesen und beobachtete das Geschehen auf der Bastei-utca, einer verkehrsarmen, schmalen Straße. Und wie freute sie sich, wenn sie dort unten eine Katze entdecken konnte! Wenn der erste Abend im lieben Ungarn hereinbrach, der Liter Wein, Brot, Wurst und Butter bereitstanden und das kalte Wasser über die Bierflaschen im Waschbecken plätscherte, das Radio spielte und die mitgebrachte Kerze brannte, wenn Tessi auf dem Balkon schnarchte, ja, dann waren wir „im Urlaub", dann waren wir alle drei glücklich.

In Budapest guckten die beiden alten Wágners erstaunt, was für einen Hund wir ihnen da präsentierten. Solch einen Hund hatten sie noch nie gesehen. Ein Hund mit blauer Zunge! Ich muss vorausschicken, dass wir Tessi natürlich mit dem Einverständnis unserer Wirtinnen mitgebracht hatten. Die Decke, die Wágner-Mama für Tessi als Nachtlager hinlegte, wurde von dieser verächtlich beiseite geschoben. Sie schlief auf dem kühlen Parkett – oder im Bett! Ja, auch das kam vor. Aber das geschah nur aus Protest gegen das Alleinlassen. Manchmal „beulte" sie die Betten nur aus, um uns „eins auszuwischen". Wir sollten uns ja nicht einbilden, dass sie auf ihren Protest verzichtete! – Und nun wurden in den nächsten Tagen unsere Lieblingsstätten und natürlich die Freunde aufgesucht. „Ihr habt also euren Hund mitgebracht? Und der bleibt im Zimmer?" wollten János und Clári wissen. „Also, wenn wir nach Széntendre in unser Wochenendhaus fahren, könnt ihr ihn doch mitbringen!" Gesagt, getan – am nächsten Wochenende reiste Tessi mit. Das Haus war sehr schön, das Gartengrundstück sehr groß. „Lasst sie ruhig frei laufen. Sie kann nirgends durch!" Tessi war glücklich und nutzte die wunderbare Gelegenheit sogleich aus, um die Freiheit zu genießen. Ach, lieber Leser, aber für mich war's mit dem Relaxen in der Sonne oder beim Schoppen Wein vorbei. Die Unruhe trieb mich in bestimmten Abständen immer wieder hoch. Wo war Tessi jetzt? Aha, alles gut, dort leuchtete ihr rotes Fell. Hoffentlich kommt keine Katze aufs Grundstück, wie kürzlich im Garten der Verwandten unserer Wágner-Mama. Durch mehrere Grundstücke sauste ich hinter Tessi her. Zum Glück trug sie ihr

Geschirr, sodass ich sie packen konnte. Gern hatten wir uns in den vergangenen Jahren im „Pálatinus-Bad" auf der Márgitsziget aufgehalten. Das war uns zwar auch in diesem Jahr vergönnt, jedoch nicht in dem Maße wie früher. Wir hatten in diesem Jahr einen Hund mit und mussten Stätten auskundschaften, wo wir ihn mitnehmen konnten, ohne dass es hieß: „Nem szabad!" (nicht frei). Auch Tessi sollte mal ein Bad nehmen können. Also suchten wir den Donaustrand Richtung Višegrad nach einem geeigneten und „erlaubten" Plätzchen für uns drei ab. Es gab mehrere solcher Plätze. Selbstverständlich musste dort auch Schatten für Tessi sein, denn sie liebte ja die Sonne nicht wie wir. Unangeleint ließ ich sie niemals laufen. Damit sie sich trotzdem nicht unfrei fühlte, befestigte ich am Geschirr statt der Leine eine feste, lange Schnur, an der sie auch ins Wasser gehen konnte. Es war für uns alle drei ein besonderes Erlebnis, als Tessi zum ersten Mal in die Donau ging und das auch nur, weil sie ein großes Blatt, das dort schwamm, für ein Lebewesen hielt, das ihre Beute werden könnte. Schwupp, war sie drin und ebenso schnell wieder heraus, aber der Anfang war gemacht! Ein fröhlicher Schwimmer wurde Tessi niemals. Bis zur Brust durfte das Wasser gehen, weiter nicht! Da half kein Zureden, tiefer ging sie nicht hinein. Wenn durch die Schiffe, Boote oder Schlepper gar Wellen auf sie zukamen, sah sie fix zu, dass sie aus dem nassen Element herauskam. Mit Erstaunen sahen die ungarischen Badelustigen, wie Tessi als „Löwe" hineinging und als „Fuchs" wieder erschien. Die ganze Haarpracht war ja jetzt klitschnass. Wir erlebten immer wieder, wie Ungarn zusahen, wenn Tessi in die Donau ging, dort stehen blieb und die Donau auszutrinken schien. Sie biss buchstäblich ins erfrischende Nass und kühlte sich so ab. Die Beobachter warteten darauf, dass sich Tessi wie andere Hunde, die sich ebenfalls in der Donau tummelten, schwimmen oder nach einem zu apportierenden Gegenstand greifen würde und waren erstaunt, dass sie dies nicht tat. Wenn sie aus dem Wasser ans Land strebte, pflegte sie sich nach kurzer Zeit das Wasser aus dem Fell zu schütteln. Ich musste sie immer schnell an den lagernden Menschen vorbeiführen, bevor das passierte, denn da war eine kleine Dusche fällig. Am Lagerlatz angelangt, wurde Tessi tüchtig abgetrocknet. Sonne und Wind taten ihr Übriges. Das Ausbürsten durfte auch nicht fehlen. Nach kurzer Zeit brachte ich sie in den Schatten, wo sie meistens fest einschlief. Die Menschen, von denen sie häufig umringt wurde, wo auch immer ich mit ihr auftauchte, wurden ihr schnell lästig. Dann hieß es aufpassen, dass sie nicht zubeißt. Nachdem sie zunächst als eine Art Warnung in die Luft geschnappt hatte, wobei ihre Zähne klappernd aufeinander schlugen , biss sie, wenn diese Warnung nicht ernst genommen wurde, sofort zu. Alle wollten den „Oroszlan" (Löwe) oder „Medve" (Bär) streicheln; Erwachsene, Jugendliche und Kinder gleichermaßen. Hatte ich dabei, im wahrsten Sinne des Wortes, auch meine Hand „im Spiel", so konnte kaum etwas passieren. Als wir wieder einmal unser Lager an der Donau aufgeschlagen hatten, kam ein nettes Mädchen aus Polen, um den Hund zu streicheln. Tessi hatte an diesem Tag schon so viele Streicheleinheiten erdulden, und ich hatte immer wieder, meistens in ungarischer Sprache, über den Hund erzählen und Fragen beantworten müssen, dass wir beide ganz erschöpft waren. Jedes Mal, wenn das Mädchen zum Fluss ging, streichelte es liebevoll und glücklich Tessis Kopf. Ich bat meinen Mann, Acht zu geben auf Tessi und legte mich für einige Minuten hin, um zu ruhen. In dieser Zeit kam das Mädchen, das wir nicht bemerkten, wieder vorbei, wollte Tessi liebkosen, die auch ein bisschen eingeschlummert war, und da passierte es. Tessi schnappte glücklicherweise nur in die Luft. Das arme Mädel aber erschrak sehr und besuchte uns nicht mehr. Viele Zigeuner kamen auch an diese Badestelle. Sie lagerten abseits, waren aber trotzdem sehr gut zu hören. Es dauerte nicht lange, dann ließen die Kinder die Hunde zum Wasser, damit diese sich auch erfrischen konnten, während die Männer die Pferde samt der Fuhrwerke ins Wasser führten. Wir merkten den Tieren an, wie gut ihnen die Erfrischung an dem heißen Tag tat. Einmal ritt ein Mann mit seinem Schimmel ins Wasser und wusch ihn gründlich ab, dass er wieder schneeweiß leuchtete. Dies geschah mit einem Waschmittel, wie an dem Schaum, der den Körper des Pferdes bedeckt hatte, deutlich zu sehen war. Diese Art von Baden wurde später, als der Tourismus in Ungarn zunahm, an dieser Stelle verboten. In Széntendre fanden wir eines Tages eine neue Badestelle hinter der „Sportétterem". Aus Baumstämmen waren Tische und Bänke gezimmert und auf der großen Wiese aufgestellt worden. Bald hatten wir uns für ein solches Plätzchen entschieden. Leider standen alle Tische und Bänke stets bei schönem Wetter in der prallen Sonne. Für uns war das zum Sonnen angenehm, nicht aber für Tessi. Eine große Decke wurde über Tisch und Bänke gebreitet, Tessi wurde angewiesen, in diesem Zelt Platz zu nehmen, und so hatte sie nicht nur ihren Schatten, sondern auch Ruhe vor den Einwohnern und campierenden Touristen. Frisches Wasser holte ich mehrmals aus der einzigen Duschstelle im Gelände, und außerdem führte ich Tessi auch immer wieder mal zur Erfrischung in die Donau. Wenn Tessi den Strom sah, das erste Mal stets in Bratislava, wurde sie unruhig und konnte das Aussteigen aus dem Auto kaum erwarten. Gern fuhren wir zum Burgviertel hinauf. Wie angenehm war es dort oben in den Straßen und Gassen nach einem heißen Tag! Wir nahmen Tessi manchmal mit. Im alten Weinkeller „Alabárdos" kehrten wir zu einem kühlen Trunk ein. Tessi schmuggelten wir einfach mit hinunter. Ja, dort herrschte die richtige Temperatur für unsere Gute in ihrem dicken Pelz! Wir saßen bei spärlichem Kerzenlicht auf kleinen Fässern. Die wenigen Touristen, die wir dort antrafen, sprachen leise untereinander. Wir lauschten, woher sie kamen und der Wein schmeckte. Tessi hatte es sich auf dem Steinfußboden bequem gemacht, kein Gast bemerkte den Hund. Da geschah etwas, was uns ins Schwitzen brachte. Tessi, die eingeschlafen war, begann laut zu schnarchen. Die Gäste suchten nun den Schläfer, der so gemütlich schnarchte, und da das Schnarchen aus der Gegend unseres Tisches kam, guckten einige zu uns, konnten es sich aber nicht erklären. Wir unterhielten uns angeregt und kein Schläfer war an unserem Tisch zu entdecken. Als sie später des Rätsels Lösung entdeckten, gab es viel Spaß. Niemand nahm uns übel, dass wir den Hund mit in den Weinkeller genommen hatten. In der Pasaréti-ut, einer Straße nahe unseres Urlaubszuhauses, befand sich zu unserer großen Freude ein kleines Espresso, in das wir abends mit Tessi einkehren konnten. Dort waren viele Gäste, die Unterhaltung war lauter als im Weinkeller, und so war Tessis Schnarchen nicht zu hören. Sie war auch gut zu sehen, und es blieb niemals aus, dass sich Gäste für sie nicht interessierten. Zumeist wurden immer die gleichen Fragen gestellt: „Was für eine Rasse?" „Wie kann der Hund eine blaue Zunge haben?" „Wie alt?" „Mädchen oder Junge?" „Stubenhund?" „Wie teuer?" „Schon zur Hundeausstellung gewesen?" „Kinder gehabt?" usw. Auf alle diese Fragen war ich auf Ungarisch vorbereitet und konnte sie beantworten. Meistens wurde ich auch sofort verstanden. Es gab allerdings auch die Frage: „Hund oder ...?" Ein kleiner Zigeunerjunge hatte uns am Donaustrand mal gefragt: „Oroszlan?" (Löwe) „Igen!" (Ja) antworteten wir aus Spaß. Der Kleine glaubte es und lief, so schnell ihn seine nackten, braunen Füße tragen konnten, davon.

Chow Chows sieht man, wie der Leser unschwer erkannt haben wird, sehr selten in Ungarn. Das wurde uns immer wieder gesagt. Wenn wir mal mit Tessi im Zentrum Budapests unterwegs waren, gab es Menschenaufläufe. Sogar die Auto- und Busfahrer fingen bei Tessis Anblick an, unaufmerksam zu werden, und wer den Verkehr in Budapests Straßen kennt, weiß, wie schnell es da zu einer Karambolage kommen kann.

In der letzten Urlaubswoche hatten wir wegen des Veterinärzeugnisses den Tierarzt in Budapest aufzusuchen. Vor diesem Gang fürchtete ich mich. Tessi hatte Angst vor den Impfungen. Sie wurde zwar im Frühjahr gegen Staupe und im August gegen Tollwut geimpft, aber diese Impfungen wollte gern der Budapester Tierarzt vornehmen, zumal ja der Monat August schon begonnen hatte. Einmal gelang ihm das in den 13 Jahren, in denen wir mit Tessi Urlaub in Budapest machten, auch. Ehe wir's uns versahen, hatte Tessi ihre Injektion weg. Es kam auch einmal vor, dass uns ein Tierarzt an der ungarischtschechischen Grenze nicht weiterfahren lassen wollte, obwohl wir das geforderte Zeugnis vorzeigen konnten. Wir standen eine Weile da, bevor er in seinem weißen Mantel angeflattert kam und uns zu verstehen gab, dass wir mit dem „schönen Hund" weiterreisen durften. Das Gleiche passierte uns in einem anderen Jahr in Zinnwald, als wir in die Tschechoslowakei einreisen wollten und das auch mit einem gültigen Zeugnis. Wir wurden von einem jungen Zöllner der Tschechoslowakei aufgefordert, die Baracke aufzusuchen, in der Tessi geimpft werden sollte. Es goss in Strömen, und da wir ein reines Gewissen hatten und nicht einsehen wollten, warum Tessi zwei Mal gegen Staupe geimpft werden sollte, gaben wir „Kasimir" „die Brust", und ab ging's. Schließlich hatten wir ja auch eine lange Fahrt vor uns, nämlich in jenem Jahr wollten wir bis Brno durchfahren und dort nicht zu spät im „Slovan" ankommen.

1969 war eine Fahrt durch die Tschechoslowakei nicht gestattet. Da wir auf den schönen Ungarnurlaub nicht verzichten wollten, beschlossen wir zu fliegen. Zum ersten Mal in unserem Leben wollten wir einen Flug nehmen. Wir kauften uns leichte Koffer und besorgten uns auch die Broschüre mit allen Informationen. Wir wollten Tessi natürlich mitnehmen oder richtiger: wir mussten sie mitreisen lassen. Wir buchten einen Flug mit Hund von Berlin nach Budapest und zurück. Fünf Stunden vor dem Abflug fanden wir uns auf dem Flughafen Schönefeld ein, nachdem wir in Berlin übernachtet hatten. Schweren Herzens hatten wir unseren treuen „Kasimir" auf dem großen Parkplatz abgestellt. Tessi blieb bei der Gardrobiere, wir warteten im Restaurant. Natürlich wurde Tessi mit Wasser versorgt (Futter hatte sie nicht angenommen) und ausgeführt, als das notwendig war. Rechtzeitig begaben wir uns dann mit Tessi und den neuen Koffern zum Zoll, um zu erfahren, wie und wo Tessi für den Flug untergebracht werden sollte. „Wir geben keine Transportkisten heraus. Die Ungarn schicken sie uns meistens nicht wieder zurück.", wurde uns gesagt. Entsetzt sahen wir uns an. „Aber dann können wir ja gar nicht in den Urlaub fliegen! Dann müssen wir wieder nach Hause fahren?" meinte ich. „Ja, das müssen Sie dann eben", lautete die lakonische Antwort. Aber mein Mann hatte sich schon auf den Weg zum Reisebüro gemacht und die Tickets vorgelegt, dass die Reise mit Hund gebucht war. Der Leiter des Reisebüros bestätigte unsere Ansprüche und benachrichtigte die Flugleitung, die dann nicht umhin kam, eine Transportkiste entsprechend des Vertrages zur Verfügung zu stellen. Inzwischen hatten sich, da es an der Zeit war, viele andere Fluggäste zur Kontrolle eingefunden und schauten zum Teil mitleidig, zum Teil auch verächtlich auf mich und den Hund. Schließlich wurde eine Aluminiumkiste gebracht, wie sie, mit einigen Löchern versehen, wohl für Geflügel verwendet wird. Die arme Tessi wurde hineingeschoben, was sie wiederspruchslos hinnahm. Wenige Minuten später musste ich sie wieder rausnehmen, weil diese Transportkiste wohl nicht vergeben werden sollte. Die Zeit des Abfluges rückte immer näher. Nun lieh man uns diese entsetzliche Transportkiste doch. Tessi wurde in dieselbe gesteckt, wir mussten schnellstens in den großen Aufenthaltsraum gehen, wo alle Passagiere auf den Abflug warteten. Als wir eintraten, erhoben sie sich und eilten in Richtung Flugzeug. Der Flug konnte beginnen. Ich hatte mich so sehr auf unseren ersten Flug gefreut, und nun saß ich im Flugzeug und heulte. Wie sorgte ich mich um meinen geliebten Hund!

In Feri-Hegy auf dem Flugplatz angekommen, warteten wir sehnsüchtig auf die Transportkiste mit unserer Tessi. Als der Hund herauskroch, war er nass vom Speichel, auch an den Pfoten, und es schien, als wolle er jeden Augenblick umfallen. „Kutya beteg (Hund krank)", meinte der Zollbeamte. "Nem bétég, kérem szépen: sok hideg víz! (nicht krank, bitte schön, viel kaltes Wasser!)" sagte ich leise. Eine Angestellte brachte eine Schüssel voll Wasser, die Tessi schnell austrank. Sie musste noch eine zweite holen, auch diese trank sie fast leer. Allmählich erholte sich die arme Tessi, glücklicherweise noch bevor die zwei Tierärzte erschienen. Tessi sah in ihrer Aufregung nun auch noch die weißen Kittel – das reichte ihr völlig! Ihre Augen funkelten böse. Die Ärzte kontrollierten die Papiere, schauten sie aufmerksam an und damit war die Kontrolle beendet. Ein Taxi brachte uns in rasender Fahrt zu unserem Quartier. Ein Glück, dass der Fahrer nichts gegen vierbeinige Passagiere hatte. Noch ein Drama hätte uns (und dem Hund!) gerade noch gefehlt! Die lieben Damen empfingen uns mit der gewohnten Herzlichkeit. Todmüde sanken wir alle drei bald in einen wohltuenden Schlaf, nachdem wir uns ein wenig ge-

stärkt hatten. In diesem Sommer meinte es die Sonne besonders gut. Während Tessi im kühlen Zimmer zurückblieb, zog
es uns ins „Pálatinus". An den meisten der 14 Urlaubstagen
kamen wir jedoch selten auch dort an, obwohl wir unsere
Badekleidung bereits unter unseren Sachen trugen, um im Bad
sogleich startbereit zu sein. Wir hatten uns doch um die
Transportkiste zu kümmern. So fuhren wir am frühen Vor-
mittag zum NDK (DDR) –Zentrum in Budapest und sprachen
dort wegen der Kiste vor. Man begegnete uns von Anfang an
mit großer Zurückhaltung betreffs dieser Bitte. Mehrmals
mussten wir dort erscheinen und unsere Bitte vortragen, wurden aber von einem zum anderen Mal nur vertröstet. Es war
nicht angenehm für uns, so die kostbare Urlaubszeit zu versit-
zen, zumal es sehr heiß war und wir uns nach einem Bad im
„Pálatinus" sehnten. Die Verhandlungen zogen sich in die
Länge. Als der Urlaub seinem Ende zuging und wir noch immer keinen positiven Bescheid erhalten hatten, wandten wir
uns kurz entschlossen an das Konsulat der DDR in Budapest.
Statt der ersehnten Erholung hatten wir unsere Nerven sehr
strapaziert und unsere Geduld war zu Ende. Wir wurden von
Angestellten des Konsulats sehr freundlich empfangen. Nachdem wir unser Problem dargelegt hatten, versprach uns der
Konsulatsangestellte, unserer Bitte schnellstens nachzukom-
men. Wir sollten, sobald die Transportkiste da wäre, telefonisch Bescheid erhalten. (Wie wir später erfuhren, kam sie aus
Széged). Sehnsüchtig erwarteten wir diesen Anruf. Wie
glücklich waren wir, als wir den Bescheid erhielten, dass die
Kiste eingetroffen sei. Wie dankbar waren wir, erstmal diese
Sorge los zu sein. Sicherheitshalber fuhren wir 2 Tage vor
dem Abflug mit dem Bus zum Fluglatz, um uns davon zu
überzeugen, dass die Transportkiste wirklich zur Verfügung
stand. Voller Freude betrachteten wir dann dieses so begehrte
Objekt: eine neue, große und bequeme Holzkiste, vorschrifts-
mäßig für den Transport eines Hundes ausgerüstet, wurde uns
vorgezeigt. Am Tage des Abfluges fuhren wir frühzeitig per
Taxi zum Flugplatz. Während ich für Tessi ein schattiges
Plätzchen zum „Gassel-Gehen" suchte, erkundigte sich mein
Mann nochmals, ob betreffs des Transportes alles in Ordnung

sei, was auch der Fall war. Kurz vor dem Flug wurden wir durch einen Lautsprecher aufgefordert, mit dem Hund zur Abfertigung zu kommen. Ohne Angst zu zeigen, kroch Tessi in ihr „Hundehaus" und verblieb ruhig darin. Ich sah, wie die Kiste auf dem Transportband abwanderte, und wir bestiegen beruhigt das Flugzeug. In Berlin angekommen, mussten wir wieder auf den herbeigerufenen Tierarzt warten, hatten aber dadurch das große Glück, bedeutend eher abgefertigt zu werden als die vielen anderen Passagiere. Der Arzt war sehr nett. Alles ging schnell.

Draußen stand auch unser fahrbarer Untersatz „Kasimir", den wir in Budapest so sehr vermisst hatten.

Ein schöner, stiller Abend im Hotel „Unter den Linden" entschädigte uns für alle erlittenen Aufregungen, unsere Tessi schlief glücklich ein. Sie schien froh zu sein, dass wir am Abend das Zimmer verließen und sie ihre Ruhe hatte. So kamen wir am nächsten Tag wenigstens etwas entspannt zu Hause an. Ich muss gestehen, dass ich mich nicht mehr nach einem Urlaubsflug mit Hund sehnte und auch bis heute nicht wieder unternommen habe. Erstens, wie ich schon erwähnte, fehlte uns das Auto im Urlaub sehr, zweitens mochte ich nicht noch einmal ein solches Drama erleben. Für den Fall, dass einmal ein Flug mit Hund nötig sein sollte, wollen wir mit einer eigens dafür gebauten Transportkiste anreisen.

In den folgenden Jahren hatten wir nicht nur das Glück, in Budapest beim Sohn der Wágner-Mama auf dem Rózsa-Domb (Rosenhügel) ein sehr großes Zimmer zu bekommen, sondern auch mit einem größeren Auto zu reisen. Bei Lászlos Wágner und seiner Mártha, die fast perfekt deutsch spricht, wohnten wir insgesamt sechzehn Jahre, davon elf mit Tessi. Da gibt es einen Garten, tief gelegen, hinterm Haus, den wir benutzen durften und schöne, stille Straßen zum „Gassel-gehen". Ein sehr schönes Gartenrestaurant „Vad Rózsa" war nach einem etwa fünfzehnminütigen Aufstieg zu erreichen. Wir waren glücklich, mit Hund als Gäste einkehren zu dürfen und zwar auch später, als das Mitbringen von Hunden nicht mehr gestattet war. Nur schwitzte ich jedes Mal, wenn Káthi, die Tochter des Besitzers, mit echt ungarischem Temperament auf

Tessi losstürzte. Es kostete mich dann viel Mühe, Tessi so zu besänftigen, dass sie nicht biss, und ich schaffte es auch immer. Tessi liebte dieses Restaurant wegen der erholsamen abendlichen Kühle und wegen des vielen Würfelzuckers, den es dort gab. Sie freute sich, wenn es hieß: „Wir gehen Vad-Rózsa, Tessi!" Als wir dort Stammgäste geworden waren, erhielten wir auf der kleinen Terrasse unseren Stammtisch. Auf den kühlen Steinen, den Blicken der anderen Gäste durch das Geflecht wilder Rosen entzogen, fühlte sich der Hund in seinem dicken Pelz besonders wohl. 1980 hatte unsere Mártha Gäste aus der eigenen Verwandtschaft und konnte uns nicht bei sich aufnehmen. Wir mussten uns also für das eine Jahr um ein anderes Quartier bemühen. Das Reisebüro vermittelte uns bei einer Dame ein Zimmer für uns plus Hund. Als wir dort eintrafen, blickte die Frau entsetzt auf Tessi: „Mit Hund? Das geht nicht!" Mein Mann zeigte den Vertrag vor, und so musste sie uns wohl oder übel einquartieren. Eine freischwebende Treppe führte von einem Treppenabsatz hinauf zu dem Zimmer. „Da kriege ich doch unsere alte Tessi niemals hinauf und hinunter!" jammerte ich, als ich diese fürchterliche Treppe sah. Mein Mann war schon hinaufgeklettert. „Das Zimmer ist aber sehr schön", meinte er. Mit viel Mühe gelang es uns, Tessi diese Stufen erklimmen zu lassen. Mir tat das Herz weh, als ich das alte Tier vor Angst jaulen und stöhnen hörte. Was soll das bloß werden?! dachte ich, als ich unglücklich im Zimmer auf der Bettkante saß, um mich herum die unausgepackten Gepäckstücke. Tessi lag still auf dem Vorleger und schien meine große Sorge zu teilen. „Hier können wir doch nicht bleiben", schluchzte ich verzweifelt. „Lass uns erstmal alles überschlafen", tröstete mich mein Mann, „morgen werden wir schon einen gangbaren Weg finden." In dieser Nacht hatte ich einen Albtraum: den Transport des Hundes nach unten. Voller Angst erwachte ich und sah nach Tessi. Sie schlief fest. Am nächsten Morgen hievten wir, mein Mann von oben, ich von unten, Tessi Stufe für Stufe nach unten. Wir beschlossen Tessi auf dem Treppenabsatz liegen zu lassen und die leeren Koffer als Abgrenzung um sie herum aufzustellen, damit sie nicht hinunterstürzen konnte oder die Treppe nach unten in Richtung Haustür davonlief. Es war furchtbar, ehe alles so klappte, wie wir es uns gedacht hatten. Wenn Tessi nicht so ein geduldiges Tier gewesen wäre, die, in ihrem Vertrauen zu uns, alles mit sich machen ließ, was wir zu ihrem Wohl unternahmen, dann hätten wir dort nicht bleiben können. In jeder Nacht schlich ich die verwünschte Treppe hinunter zu Tessi, um zu sehen, ob sie Wasser brauchte oder nochmal hinaus müsste. So fühlte sich die Gute ständig liebevoll von uns versorgt und verkraftete dieses elende Nachtquartier.

Der Hund im Hotel

Durch unsere Urlaubsfahrten mit Hund sowie durch die Teilnahme an Hundeausstellungen waren wir oft gezwungen, in Hotels zu übernachten. Die meisten Hotels, die wir um Aufnahme baten, stellten uns nicht nur das gewünschte Zimmer zur Verfügung, sondern gestatteten uns auch, den Hund mit ins Zimmer zu nehmen. Ein besonderes Lob kann hier den Hoteliers der Prager Hotels ausgesprochen werden. Gern bezahlten wir ein paar Kronen mehr für das Zimmer, wenn wir dafür den Hund mitnehmen durften. Es gab kaum ein Hotel am Wenzelsplatz, in dem wir nicht mit Tessi gewohnt hatten, zumal wir außer im Sommer auch einige Male an den unterrichtsfreien Tagen im Oktober nach Prag fuhren.

Selbstverständlich verhielten wir uns mit unserem Vierbeiner stets so, wie es von uns als Hotelgäste erwartet wurde. Niemals bellte Tessi, beschmutzte oder beschädigte das Zimmer oder biss gar jemanden. So waren wir dann auch im nächsten Jahr gern gesehene Gäste. Lobenswert ist auch das Hotel „Slovan" in Brno zu erwähnen, in dem wir 22 Jahre lang mit unseren Chow Chows (Tessi und ihrem Nachfolger) liebevolle Aufnahme fanden. In unserer Republik gab es Hotels, in denen wir mit unserem Hund zu den Stammgästen zählten: in Dresden war es das Hotel „Gewandhaus", das uns das liebste war, in Berlin war es das Interhotel „Unter den Linden". In diesem Hotel war das Mitbringen von Haustieren jahrelang verboten. Doch da Tessi schon einige Male mit uns dort übernachtet hatte, ohne dass es uns jemand verwehrt hätte, ließ ich sie stets vornweg durch den Empfang gehen. Sie strebte gleich rechts an der Rezeption vorbei zum Lift und zog mich einfach hinterher, sodass wir im Nu beide verschwunden waren. Ihr Selbstbewusstsein übertrug sich auch auf mich, und so konnten wir ungehindert aus- und eingehen. Niemals gab es seitens der Hotelleitung Klagen über unseren Vierbeiner. Oft merkten auch die anderen Gäste sowie das Reinigungspersonal erst am Abreisetag, dass in dem betreffenden Stockwerk ein Hund gewohnt hatte, wenn sie diesen sahen. Ich sorgte sehr gewissenhaft dafür, dass keine Wolle auf den Fußboden zurückblieb, und dass keine Futterreste umherlagen. Wohnten wir längere Zeit im Hotel, so brachte ich mir von daheim eine Bürste zum Reinigen des Teppichs, bzw. des Textilbelages mit. Das war besonders in der Zeit des Fellwechsels notwendig. Entgegenkommend waren auch die Leiter der Hotels „Newa" in Dresden und des Interhotels „Stadt Leipzig" in Leipzig. Allerdings machten wir bezüglich der Hotelübernachtung mit Hund auch schlechte Erfahrungen. Als wir Tessi in Erfurt ausstellen wollten, ließ uns der Portier eines kleinen Hotels stundenlang warten, bevor er sich herabließ, seinen Chef, den Leiter eines großen Hotels, anzurufen und um eine Genehmigung zu bitten. Wir waren müde, hatten Hunger und Durst, er aber blieb stur und hielt uns einen Vortrag nach dem anderen über die Folgen der Aufnahme des Hundes im Hotel. Ich fütterte Tessi draußen auf dem Gehweg und führte sie dann erstmal aus. Dass mein Mann so lange die Geduld behielt bei so viel Sturheit und Beschränktheit, wundert mich noch heute. Aber wohin hätten wir in Erfurt zu dieser Zeit noch fahren sollen, um eine beherzte Hotelleitung zu finden? Es ging ja schon auf den Abend zu! Schließlich bekamen wir doch ein Zimmer in diesem Hotel. Als ich die Treppe hinaufging mit meiner müden Tessi, dachte ich: ‚Na, da hast du aber schon vornehmer gewohnt meine Gute!' Tessi schlief im Zimmer bald ein. Wir begaben uns in ein anderes Hotel, um zu Abend zu speisen. Zu unserem größten Erstaunen sahen wir, dass dort nicht nur Aussteller mit ihren Hunden wohnten (sicher ohne sich vorher stundenlange Vorträge anhören zu müssen), sondern dass ein Gast einen großen Hund sogar mit an die Bar genommen hatte. Als wir in dieser Nacht in unser Zimmer zurückgingen, mussten wir feststellen, dass die Türklinke an unserer Tür sowie die Klinke der Toilettentür dick mit Zahncreme beschmiert war, die wir nun an den Händen hatten. Das Schild, dass vor dem Versuch, den Raum zu betreten, warnte (gedacht für das Reinigungspersonal am nächsten Tag), war entfernt und an einer anderen Tür angebracht worden. Mit unseren beschmierten Händen eilten wir hinunter zum Portier. Nun, der war nicht mehr da und konnte unsere Beschwerde nicht entgegennehmen. Die alte Dame, die ihn vertrat, gab meinen Mann das Beschwerdebuch, und noch in dieser Nacht wurde es um eine Eintragung, die den Empfänger sicher mindestens nachdenklich gestimmt haben mag, reicher.

Auch in Karl-Marx-Stadt hatten wir betreffs der Hotelübernachtung mit Hund Pech. Als wir in einem Hotel ankamen, war der Verantwortliche an der Rezeption gegen die Aufnahme des Hundes. Diesmal warteten wir nicht ab, bis man versuchte, uns zu belehren etc., sondern gingen zum „Kongress-Hotel", wo wir sofort freundlich aufgenommen wurden und ein wunderschönes Zimmer erhielten.

Ähnlich wie mit den Hotels verhält es sich auch mit Gartenrestaurants und kleinen „Straßenespressos", wenn man mit einem Hund, der sich völlig unauffällig verhält und niemanden stört, eintrifft. Wenn wir merkten, dass unser Hund nicht willkommen war, setzte sich mein Mann allein an den Tisch, ich nahm irgendwo in der Nähe Platz und trank meinen Kaffee oder das Erfrischungsgetränk nun als „Außenseiter". Hauptsache, mein Hund war bei mir und zwar im Schatten. Wir haben schon oft erlebt, dass das Verbot des Mitbringens von Hunden ganz individuell geregelt wird und zwar abhängig von der jeweils bedienenden Person, bzw. des Restaurantleiters. In diesen Zusammenhang fällt mir eben ein, dass es leider auch viele tierfeindliche Mitmenschen gibt, die einem Hundebesitzer Verdruss bereiten können. Mit Erlaubnis der Kellnerin duften wir einmal in einem eleganten Gartenrestaurant, in dem auch Speisen serviert wurden, mit unserem Hund, der sofort unter dem Schatten spendenden Tisch Platz nahm, einkehren.

Ein paar Tische weiter saßen zwei Damen, die nicht speisten, sondern sich an einer Limonade „festhielten". Sie schauten böse auf meinen Hund, den sie schneller entdeckt hatten, als uns lieb war. Ein etwa vierjähriger Junge, der offenbar Langeweile hatte und schon eine Weile zwischen den Tischen herumgelaufen war, wollte wohl die Gäste auf besondere Weise unterhalten. Er schlug vor aller Augen zwischen den Tischen sein Wasser ab, „fischte" noch mit einem Fuß darin herum und erfreute sich an dem Vorgang des Verdampfens auf den heißen Steinen. Amüsiert schauten die beiden Damen zu und erfreuten sich augenscheinlich des Schauspiels.

Der kranke Hund

Im jugendlichen Alter musste Tessi die Gebärmutter entfernt werden. Anfangs glaubten wir, da sie große Mengen Wasser trank und nicht einmal das Wischwasser im Eimer vor ihr sicher war, ihre Nieren seien nicht in Ordnung. Meinem Mann war aber aufgefallen, dass ihr Leib stark geschwollen war, obwohl sie in der Zeit ihres Leidens kaum ihr Futter anrührte. Es war an einem Novemberabend, als wir, kurz entschlossen, die Tierärztin in Hoyerswerda anriefen. Sie forderte uns auf, sofort zu ihr in die Praxis zu kommen. Als Tessi auf dem Rücksitz des Autos saß, sah ich, dass sie bereits vom Fieber geschüttelt wurde. Ich zog meine Pelzjacke aus, hüllte Tessi darin ein und hielt die Jacke während der Fahrt zu, damit sie nicht von ihr wegglitt. Eis und Schnee erschwerten die Fahrt. In der Praxis angekommen, wurde Tessi untersucht. Die Ärztin stellte eine Vereiterung der Gebärmutter fest. Nun hieß es schnell handeln. Tessi erhielt eine Injektion, die sie betäuben sollte. „Gehen Sie ein Stückchen mit ihr", sagte die Ärztin. „Wenn Sie merken, dass sie müde wird, dann kommen Sie herein zur Operation." Ich führte Tessi am Gehege des Tierparks, in dem braune Zicklein umherspazierten, entlang. Tessi interessierte sich zuerst für sie, doch bald begann sie leicht zu schwanken und zu ermüden. Schnell begab ich mich mit ihr in die Tierarztpraxis. „Und Sie gehen jetzt einen Kaffee trinken", meinte die Ärztin zu uns. Ich sah meine Gute auf dem Tisch liegen und wäre so gern bei ihr geblieben, nur um zu erfahren, ob sie wirklich keine Schmerzen erleiden musste. Es war, wenn ich mich recht erinnere, gegen 21 Uhr, als wir die Praxis verließen. Wir irrten eine Weile umher, bis wir eine Gaststätte entdeckten. Aber lange hielten wir es dort nicht aus. Voller Sorge kehrten wir zurück in das kleine Wartezimmer. Händeringend saß ich da, lauschte, ob nicht etwa doch ein Wehlaut zu hören wäre. Wir vernahmen die Stimme der Ärztin und ihrer Assistentin und schließlich das Fiepen des Hundes. Im Nu war ich hochgefahren von dem Stuhl, aber mein Mann drückte mich wieder zurück. Endlich wurde die Tür vom Sprechzimmer geöffnet. „Kommen Sie bitte rein", sprach die Ärztin, „es ist geschafft. Was ich tun konnte, habe ich getan." Sie zeigte uns, was sie aus Tessis Körper entfernt hatte, und mir wurde klar, dass Tessi diese Nacht wahrscheinlich nicht überlebt hätte. „Nähen Sie ihr ein Hemdchen!" erklärte die Frau. „Keine Knochen füttern und nicht aufs Sofa springen lassen. Mit Vaopin-Puder die Wunde pudern." In der großen Aufregung konnte ich mir den Namen des Puders nicht merken und ließ ihn mir aufschreiben. Sie sagte mir noch, wann ich das Röllchen auf der Wunde zu entfernen hatte und nach wie viel Wochen die Fäden gezogen werden müssten. Dann hoben wir das schwere Fellbündel auf und trugen es ins Auto. Das war bei dem zweitürigen Trabant gar nicht so einfach. Ich setzte mich hinter zu der Hündin, nahm ihren Kopf auf meinen Schoß und deckte sie wieder mit der Jacke zu. Jedes Mal, wenn uns ein Fahrzeug entgegen kam und geräuschvoll an uns vorbeifuhr, schreckte Tessi leicht auf. Ich legte meine Pelzmütze auf ihren Kopf, sodass sie während der Fahrt nicht gestört wurde. Zu Hause angekommen, bemühte ich mich, den schweren, steifen Körper des Tieres aus dem Auto zu bekommen. Dabei musste ich noch sehr vorsichtig verfahren, damit die frisch genähte Wunde nicht verletzt wurde. Mein Mann konnte mir beim besten Willen nicht dabei helfen. Während meine Mutter voller Angst oben auf der Treppe lauschte, trug ich den Hund mit großer Anstrengung ins Wohnzimmer. Die letzten Schritte rutschte ich mit der Last auf den Knien hinein.

Die ganze Nacht schlief ich nicht, musste ich doch sofort beim Erwachen Tessis bereit sein. Als ich die ersten Laute vernahm, kniete ich mich zu ihr und redete leise auf sie ein , um sie zu beruhigen. So blieb ich bis zu ihrem völligen Erwachen aus der Narkose. Tessi kam bald wieder auf die Beine. Sie musste nun auch hinaus in den Garten, um ihre „Geschäfte" zu erledigen. Das „Hemd" war schnell hergestellt: ein reines, weißes Tuch, vier Löcher für die Läufe, auf dem Rücken zusammengenäht – so schützte es die Wunde. Leider lag zu dieser Zeit etwas Schnee, sodass das Tuch schnell feucht wurde und durch ein zweites ausgewechselt werden musste. Tessi fühlte sich, zu unserer großen Freude, von Tag zu Tag wohler. Wer war glücklicher als ich! Telefonisch gaben wir der Ärztin von Zeit zu Zeit Nachricht von Tessis Befinden.

Das Röllchen an Tessis Wunde entfernte ich an einem Abend (nach Vorschrift) mit einer kleinen Schere. Tessi hatte so viel Vertrauen zu meiner Aktion, die ich im Schweiße meines Angesichts, auf dem Fußboden kniend, vollbrachte, dass sie dabei schlief. In der Adventszeit war es dann endlich auch so weit, dass der neue Kreistierarzt die Fäden ziehen konnte. Das ließ sie natürlich nicht widerspruchslos über sich ergehen. Am Ende war alles gut gelungen.

Einmal schieferte sich Tessi im Sommer in Budapest Samen und Grannen eines sehr harten Grases in den weichen Leib, die entfernt werden mussten. Schlimm war dabei die starke Narkose, die sie zu vertragen hatte. Das war immer ein Problem für den Transport des Tieres, und es kostete mich viel Nerven, bis sie wieder voll bei Bewusstsein war. Ich litt sehr mit ihr, wenn sie krank war. Im Dezember 1980 wurde bei Tessi eine Geschwulst am linken Vorderlauf festgestellt, die bösartig war. Sie lag auf ihrem Außenlager, dem „Söfchen", und hielt sich, außer in der Nacht, am liebsten draußen auf. Regelmäßig leerte sie ihr kleines Schälchen mit Traubenzucker, in welchem das schmerzstillende Dragee eingehüllt war. Sie fraß auch ihre tägliche Futterration. Ich war sehr, sehr unglücklich, denn mir war klar, dass ich meine gute Kameradin bald verlieren würde. Es tröstete mich auch nicht zu wissen, dass Tessi doch ein schönes Alter erreicht hatte. Zwei

Tage vor Weihnachten stellten wir sie noch einmal der Tierärztin vor. Tessi sollte auf keinen Fall leiden. Tessi lag still auf dem Behandlungstisch, und wir drei standen traurig um sie herum. Mir war elend zu Mute, ich kann es gar nicht beschreiben. Die Ärztin riet uns, Tessi erschießen zu lassen und gab uns die Anschrift eines Försters in der Nähe von Weißwasser. Zum letzten Mal fuhr Tessi mit uns im Auto. Nach Hause ging`s. Weihnachten wurde kein frohes Fest. Letztmalig bekam sie die geliebte Milchschokolade zu Weihnachten. Ich war so betrübt, dass mir fast nichts zum Fest gelang: der geschmückte Baum war über Nacht umgekippt, die Kugeln zum Teil zerschlagen, das sorgfältig gehängte Lametta durcheinander, im Bad legte ich meine Brille so unglücklich beiseite, dass ich drauf trat, und zur Herstellung der Klöße zum 1. Feiertag verwendete ich irrtümlicherweise die doppelte Menge an Flüssigkeit. Das neue Jahr 1981 begann entsprechend dem Schlag, der mich erwartete. Drei Tage vor ihrem Tod erbrach sich Tessi des Öfteren und nahm schließlich kaum noch Nahrung an. Ich war zu dieser Zeit krankgeschrieben und konnte mich dadurch mehr um Tessi kümmern als sonst. Am 29. Januar, ich bereitete mich darauf vor, zum Inhalieren in die Arztpraxis zu gehen, legte sich mein geliebter Hund draußen nieder. Es gelang mir noch, ihn zu bewegen, ins Haus zu gehen, denn es war bitterkalt draußen. In der Küche legte sie sich sofort auf die Seite und atmete sehr schnell und flach. Meine Tränen fielen auf sie nieder, als ich bei ihr kniete. Und dann war sie erlöst. Meine Eltern, zu denen ich hinaufeilte, umarmten mich und weinten mit mir. 13 Jahre und 7 Monate alt war Tessi geworden. Ein Sträußchen Alpenveilchen lag an ihrem Herzen, als wir sie gegen Abend begruben. Ich kann sie nicht vergessen.

Der blaue Achill

Trotz des Leidens, das nun einmal auch zum Leben gehört, hatten wir so viel Freude durch unsere Tessi erlebt, dass es uns unmöglich schien, ohne Hund zu bleiben. In fünf Jahren, so dachte ich, würde ich Rentnerin sein und viel Zeit, so viel Zeit wie noch nie, für einen Hund haben. Gerade dann, wenn ich „meine" Kinder nicht mehr um mich haben werde, wird es doch schön sein, einen Hund zum Freund zu haben. Nach einigen Telefonaten war es dann so weit: in Jena waren zwei Chow Chow-Welpen in blauer Farbe zu haben. Wir sagten sofort zu. Ein blauer Chow Chow! Das war einmal etwas ganz Seltenes. Nur etwa 10% aller in der DDR lebenden Chow Chows sollen, so hörte ich, blau sein. Es galt natürlich, sich an eine dunkle Farbe zu gewöhnen, hatte ich doch zuvor rote Chows gehabt. Ich war selig und begann, alle nötigen Vorbereitungen für den Empfang des Welpen zu treffen, auch aß ich wieder, was meinen Nerven gut tat. Zuerst kaufte ich Maschendraht und zog diesen am Zaun entlang um das ganze Grundstück. Das Knüpfen und Binden in der bitteren Kälte war sehr mühevoll. Meine Hände waren bald blau und steif. Öfters musste ich diese Arbeit unterbrechen, zumal ich gesundheitlich noch nicht recht auf der Höhe war. Nachdem endlich die Absicherung gegen eventuelle Fluchtversuche beendet war, kaufte ich zwei neue Schüsseln für Futter und Wasser sowie ein Schuhgestell, das ich in ein Futtergestell umbaute. Beide Schüsseln konnten darin hängen, sodass sie bequem vom Hund erreicht werden konnten. So brauchte er sich beim Fressen und Trinken nicht zu tief zu bücken. (Tessi hatte eine Fußbank gehabt, die nicht mehr existierte.) Selbstverständlich kaufte ich ein kleines Pudelgeschirr. Das heißt, so selbstverständlich war das zu dem Zeitpunkt gar nicht, aber ich hatte Glück und bekam eines zu kaufen. Zu dem grünen Geschirr gab es eine gelbe Leine. Ich freute mich stets, wenn ich alle diese Utensilien beisammen sah, kündeten sie doch von der Erwartung eines neuen vierbeinigen Mitbewohners und Freundes. Tessi hatte unterm Schlafzimmerfenster ein Lager für die Nachtruhe gehabt, nachdem einmal gegen 0.00 Uhr ein Mann versucht hatte, in das Zimmer einzusteigen. Dort sollte auch der neue Hund sein Lager haben. Alle Decken wurden gewaschen und bereitgelegt. Mittlerweile waren die Winterferien herangerückt und damit die eine Woche mit den unterrichtsfreien Tagen für meinen Mann und mich. Beschwingt gestaltete ich die Feierstunde zur Zeugnisausgabe. Meine Schüler erleben mich wieder so, wie sie mich von früher her kannten: fröhlich und energievoll. Als der Abreisetag nach Jena gekommen war, nahm ich außer einem Fellchen, das ich mir für den Transport des Hundes auf den Schoß legen wollte, auch „Osmin", den Plüschaffen mit, damit der Welpe ein Kuschel- und Spieltier hatte. Wir hatten uns in Jena ein Hotelzimmer für zwei Nächte bestellt und begaben uns nach der Ankunft dorthin. Ich spürte, wie ich zur Ruhe kam und wie die Freude sich leise und immer stärker werdend neben die Trauer zu stellen begann und wie sich auch die Verantwortung für den neuen Hund und die sich daraus ergebenden Sorgen behaupteten. Wie würde der Neue sein? Wie würde ich mit allen Problemen zurechtkommen? Ich hatte ja nun zwar meine Erfahrungen, aber es kann doch alles anders kommen als man denkt. Dass ich mich vom ersten Augenblick an voll und ganz auf den neuen Hund einstellen musste, niemals mit den Vorigen vergleichen durfte, war mir klar. Ein französisches Sprichwort sagt: Lieben heißt, nicht mehr vergleichen! Der Morgen kam und meine Ungeduld wuchs. Wir sagten vorsichtshalber an der Rezeption Bescheid, dass wir in der nächsten Nacht einen vierbeinigen Gast im Zimmer haben würden, und da wir mit gutem Gewissen sagen konnten, dass es sich um einen kleinen Hund handeln würde, hatte niemand etwas dagegen. Wir kauften noch eine Flasche Milch und ein Scheuertuch für den jungen Hund und begaben uns dann zu dem mit dem Gatten der Züchterin verabredeten Treffpunkt. Von dort aus sollten wir zur Wohnung „gelotst" werden. Die Züchterin kam uns entgegen, als wir das Grundstück betraten und empfing uns sehr herzlich. In den großen Räumen der alten Villa tummelten sich die beiden Kinder mit den Welpen. Die blaue Hundemama stand da und betrachtete uns nicht besonders freundlich. Über die roten und zimtfarbenen Teddys sah ich gleich hinweg, sie waren ja bereits bestellt worden und somit vergeben. Die blauen hatte ich noch nicht entdeckt. Aufgeregt trank ich den guten Kaffee, den uns die Züchterin anbot, und wir unterhielten uns gleich sehr angeregt über Hunde, über Chow Chows. Ich hatte meine Hundefotos mitgenommen und zeigte sie dem Ehepaar. Es ließ sich nicht vermeiden, dass mir bei den Fotos von Tessi doch wieder die Tränen rollten und beim Erzählen von ihr die Stimme versagte. Es tat gut, dass die Züchterin und ihr Gatte volles Verständnis dafür zeigten. „So", sagte die Züchterin, „das ist Ajax!" und setzte mir den kleinen Kerl auf den Schoß. Er blitzte mich mit seinen vergissmeinichtblauen Äuglein an, und ehe ich mich versah, hatte er mir zärtlich das Gesicht abgeleckt. Sehr geduldig war er nicht, und mit dem zärtlichen Lecken wollte er sich wohl schon verabschieden. Ich hielt ihn fest, um ihn zu betrachten, was ihm nicht gefiel. Dann ließ ich ihn sogleich seiner Wege gehen. Fort war er! Und nun entdeckte ich ihn, der unser zukünftiger Kamerad werden sollte: ein zierlicher, kleiner Kerl mit dem hübschesten Chow Chow-Gesicht, das ich jemals gesehen hatte. Weit standen die Ohren auseinander, die Äuglein waren überhaupt nicht zu sehen, und das Schnäuzchen war nicht nur sehr schön kurz, sondern sah aus wie das einer Walt Disney - Figur. „Wer ist denn das?" fragte ich begeistert. "Das ist der Achill, unser Nesthäkchen" antwortete die Züchterin und nahm ihn auf, um ihn mir zu übergeben. „Ist der süß!" rief ich. „Er war unser Sorgenkind" erklärte die Züchterin, "er wollte nicht ans Licht der Welt kommen." Sie berichtete, wie schwierig sich seine Aufzucht gestaltet hatte, da er gar so klein und kraftlos gewesen war. „Nicht wahr, Schnutchen?" meinte sie und strich ihm übers Köpfchen. "Ich nehme Achill", sagte ich. Ich gebe ihn niemals her! dachte ich. Alles, was zum Hundekauf gehört, war schnell erledigt. Der Abschied des Ehepaares von Achill war rührend. Ein Foto wurde noch gemacht. Es zeigt die Züchterin mit Achill auf dem Arm und ihren Gatten sowie mich, die Leine bereits fest in der Hand haltend, als könnte man mir den Kleinen wieder wegnehmen. Achillchens Weggang wurde seitens der Züchterin beweint, und wir trennten uns mit dem Versprechen, einander Nachricht zukommen zu lassen, vor allem nach unserer Ankunft zu Hause, und in Verbindung zu bleiben. „Keine Milch geben, nur abgekochtes Wasser!" rief mir die Züchterin noch zu. Ab ging die Fahrt zum Hotel. Ich setzte Achill erst einmal auf der Wiese vorm Hotel ab, damit er im

Zimmer nicht in Not geriet. An der Rezeption wurde er freundlich empfangen. Die Fahrt mit dem Fahrstuhl war nicht nach seinem Geschmack. Er schmiegte sich zitternd an mich und krallte seine Pfötchen in meinen Arm. Im Zimmer begrüßte er „Osmin" auf seine Weise. Er zog ihm die Ohren lang und beachtete ihn dann nicht mehr. In der Nacht schlief er ruhig. Es gab kein Heimweh, er fühlte sich von Anfang an bei uns zu Hause. Als der Morgen graute, stellte ich fest, dass wir das Scheuertuch nicht umsonst gekauft hatten. (Beim Hotelaufenthalt 14 Tage später in Dresden meldete er seine Bedürfnisse aber früh um 5.00 Uhr an, was mich natürlich sehr freute.) Die Heimreise gestaltete sich recht schwierig. Durch ein Versehen kamen wir von der richtigen Strecke ab und landeten, was uns noch niemals, nicht einmal im Ausland passiert war, wieder in Jena. Achill machte uns glücklicherweise keine Sorgen. Er schlief die ganze Fahrt über auf meinen Schoß, wobei ich den rechten Arm angewinkelt halten musste, damit er sich nicht am Türgriff stieß. Wie froh waren wir, als wir zu Hause landeten! Zurückhaltend verhielt sich Achill gegenüber meinen lieben Eltern, aber das gab sich bald. Zwar war der Kontakt Achills zu ihnen nicht so herzlich wie der Tessis, doch beide Seiten waren mit ihrem Verhältnis zueinander zufrieden. Ich bekam sehr bald zu spüren, dass Achill ein besonders eigenwilliger Chow Chow war, und das ist er bis heute geblieben. Jedoch, das kann gesagt werden, kommen wir ausgezeichnet miteinander aus, wozu jeder seinen Beitrag im Laufe der Jahre leisten musste. Geduld und Verständnis sowie eine sehr aufmerksame Beobachtung meinerseits und von Seiten meines Mannes trugen und tragen auch heute noch dazu bei.

Achill hatte die Angewohnheit, zur Nachtruhe unter die Betten zu kriechen, wo es dunkel war und wo ihn, so glaubte er wohl, niemand erreichen konnte. Sein Nachtlager benutzte er nicht, solange er Platz fand unter den Betten. Seinetwegen stand ich morgens mindestens eine halbe Stunde früher als sonst auf, denn der kleine Bursche beanspruchte diese Zeit für sich. Zunächst musste ich ihn, der fröhlich quäkte, unterm Bett hervorziehen. (Noch heute versteckt er seinen Bärenkopf unter dem Bett, mehr passt von dem großen Burschen nicht mehr darunter.) Er gab sich keine Mühe, das allein zu versuchen. Natürlich durfte ich ihm dabei nicht wehtun. Mitunter war das gar nicht so einfach. Mir schien, er habe sich ein Spiel daraus gemacht. Hatte ich ihn endlich vorgeholt, so freute er sich sehr und liebelte mich dankbar ab. Nun hieß es Frühstück machen – für Achill. Wasser wurde abgekocht und kalt gestellt, ein Haferflockenbrei wurde zubereitet, in den zerdrückte Zahntabletten gerührt werden mussten. Dann begann die Schleckerei, nachdem er draußen sein Geschäft verrichtet hatte. Ich selbst kam in den ersten Wochen nicht zum Frühstücken. Es genügte mir, im Stehen ein Tässchen Kaffee zu trinken. Wenn ich mich morgens ankleidete, nahm auch Achill an dieser Aktion teil, indem er an einem Bein der Strumpfhose zog, während ich mich bemühte, das andere anzuziehen. Das kostete Zeit, die ich eigentlich frühmorgens nicht hatte, denn ich musste doch ganz pünktlich in der Schule sein. Damit er sein Terrain kennen lernte, führte ich ihn an der Leine in den ersten Tagen immer am Zaun lang, um das ganze Grundstück herum. „So, mein Lieber, das ist nun dein Reich," sagte ich. Und da war nun auch „Nic", der Airedale-Terrier meines Bruders, unseres Nachbars, zu begrüßen, was dieser auch freundlich wedelnd tat. Achill zeigte nur Höflichkeit, freute sich aber, wenn er Nic sah. Stets war Achill bemüht, dem um viele Jahre älteren vierbeinigen Nachbarn zu zeigen, dass er Herr des Grundstücks sei, indem er sein Bein fleißig in Nics Nähe hob und sehr eifrig seine „Kratzfüße" machte, um sein Terrain zu markieren. Von Anfang an trachtete er danach, seine Herrschaft über meinen Mann und mich zu erringen, was ihm, dank seiner Beharrlichkeit, auch langsam, aber sicher, zum größten Teil gelang. So liebt er zum Beispiel offene Türen. Wird die Tür des Raumes, in dem er sich befindet, geschlossen, so randaliert er, zumindest aber protestiert er gegen die geschlossene Tür, indem er sich davor legt, sodass man nicht so ohne weiteres die Tür schließen kann. Als Achill etwa ein halbes Jahr alt war, stellte ich eines Tages fest, dass er sich nur auf drei Läufen fortbewegte, den vierten setzte er kaum noch auf. Ich fürchtete, ihm sei das gleiche Stolpern passiert wie Tessi. Oder war er etwa im Flur auf den neuen Fußbodenbelag ausgerutscht? Der schöne Fußbodenbelag wurde für alle Fälle zusammengerollt und weggestellt, obwohl das Pfingstfest „vor der Tür" stand und mit dem Fest lieber Besuch. Eine Untersuchung seitens des Tierarztes in Cottbus ergab, dass bei unserem Achill die Gelenkbänder gerissen waren, und so kam er zu seiner „Achillesferse". Ein Termin zur Operation wurde festgelegt. Achill sollte künstliche Gelenkbänder erhalten. Die Operation sollte an einem Morgen durchgeführt werden. Das bedeutete für meinen Mann und mich, die an diesem Tag festgelegten Unterrichtsstunden vor- oder nachzugeben. Das ist gar nicht so einfach wie es sich anhört. Wie bange war mir an jenem Morgen auf der Fahrt nach Cottbus. Solch ein kleiner Kerl, und schon wieder Angst, Schmerzen, Tränen!

Während Achill operiert wurde, saß ich im Hof auf einer Bank und kämpfte mit den Tränen. Ich hätte nicht gedacht, dass sich zu der großen Freude, die uns Achill durch sein Dasein bescherte, schon jetzt das Leid gesellte. Leise unterhielten sich mein Mann und ich. Da kam ein Mann durch das Tor, der sein Fahrrad schob, an dessen Lenker ein Beutel hing. Aus diesem Beutel holte er einen Welpen heraus und erzählte dem Arzt, der mit seinem Anteil an der Operation fertig war, er hätte den Kleinen früh um 4.00 Uhr als jammerndes, schmutziges Tierchen zwischen den Bahngleisen gefunden. Er wollte ihn gegen Staupe impfen lassen. Der Arzt gab ihm einen Termin und fragte ihn, ob er ihn dann behalten wolle, was der Mann bejahte. Ich nahm den Welpen auf den Schoß. Sofort versteckte er sein Köpfchen zwischen meinem angewinkelten Arm und meinem Körper. Ich war im Nu von Flöhen übersät. Sie bissen mich jedoch nicht. Der Arzt riet dem guten Mann, den Hund zunächst von seinen Flöhen zu erlösen. Dann wandte er sich zu uns. Er tröstete uns: „Von 100 kommen 85 wieder auf die Beine trotz künstlicher Gelenkbänder. Es wird schon wieder werden. Kommen Sie, Sie können ihren Hund jetzt mitnehmen!" Da lag mein Achill mit einem kahl geschorenen Oberschenkel. Die Wunde war mit sieben Knoten zusammengenäht. Ich nahm ihn auf den Arm und setzte mich mit ihm auf die hinteren Sitze des Autos, nachdem wir uns sehr herzlich bei dem tüchtigen Arzt, den wir von Vorträgen im VKSK her kannten, bedankt hatten. Nach einigen Wochen zeigte sich zu unserer Riesenfreude, dass unser geliebter Hund zu den glücklichen 85 % gehörte: von Woche zu Woche trat er sicherer mit dem operierten Lauf auf, und wir mussten sehr aufpassen, dass er nicht gleich zu übermütig wurde. Ich muss gestehen, dass ich mich schon damit vertraut gemacht hatte, einen zwar sehr schönen Hund, aber nunmehr einen Krüppel zu haben. An unserer Liebe zu Achill hätte das nichts geändert, im Gegenteil!

Unser Kreistierarzt zog schließlich die Fäden, was damals verhältnismäßig einfach war, da Achill noch ohne Schwierigkeiten zu beherrschen war. In den Sommerurlaub nach Budapest wurde Achill natürlich mitgenommen. Es war seine erste große Reise. Während Tessi sich immer im Grünen versteckt hatte, wenn das Auto aus der Garage geholt wurde, konnte es Achill kaum erwarten, einsteigen zu dürfen. Er fuhr leidenschaftlich gern im Auto mit. Im Hotel in Dresden erlebten wir wieder, wie eigenwillig dieser Chow Chow war. Er blieb nämlich nicht ohne die Anwesenheit von einem von uns beiden im Zimmer. Was wir auch versuchten, ihn zum Alleinbleiben zu bewegen, alles war und blieb ohne Erfolg. Wenn wir nicht riskieren wollten, dass er durch sein „Gebräll" (wie E. Strittmatter sagen würde) das Haus in Alarm versetzte, musste also einer im Zimmer bleiben, und das war natürlich ich. O, das ist keine geduldige Tessi! Da kam ja etwas auf uns zu! Im Stillen aber dachte ich: Eigentlich hat der Bursche Recht. Mein Mann musste mir das Abendbrot ins Zimmer bringen. Er war davon keineswegs begeistert, so wenig wie vom „gemütlichen" Abend im Hotelrestaurant solo. Aber was tun? In Brno war es das gleiche: Nachdem Achill den Park inspiziert und alle Hunde, auch die freundlichen, unhöflich begrüßt hatte, zur Enttäuschung auch der Hundebesitzer, blieb ich in diesem Jahr bei einer Flasche Selters, die sich im Hotelzimmer befand, solange im Zimmer bei meinem schlummernden Achill mit knurrendem Magen sitzen, bis mein Mann in Begleitung eines Kellners etwas zu essen brachte. Trotz des

Hungers blieb mir anfangs fast der Bissen im Halse stecken. Wie sollte das weitergehen? Aber da mein Mann auch ein Hundeliebhaber wie ich ist und unser Achill als Mitglied unserer Minifamilie anerkannt und geliebt wird, herrschte bald wieder Urlaubsstimmung, und der gemütliche Teil des Tages wurde im Zimmer begangen. Kurz vor Anbruch der Nacht „besetzten" Achill und ich nochmal den kleinen Fahrstuhl und wanderten zum Park. Achill war bald auch in diesem Hotel so beliebt wie Tessi. Wenn ich von unserem Gang in den Parkt ins Hotel zurückkehrte, wurden wir von Touristen, aber auch von den Leuten aus der Küche und der Rezeption, umringt, sodass ich Mühe hatte, mit Achill ins Zimmer zurückzukehren. Das Bewundern wurde immer toller, je älter und schöner Achill wurde. Überall, wo wir auftauchten, wurden die Foto- und Filmapparate gezückt wie bei einem richtigen Star. Am glücklichsten waren die Menschen, wenn ich einem von ihnen die Leine in die Hand drückte, sodass sie sich mit dem Teddy fotografieren lassen konnte. In Dresden stürzte einmal eine Gruppe junger sowjetischer Soldaten auf uns zu, als sie Achill erblickten. Einer nahm den Fotoapparat, um eine Aufnahme zu machen, alle anderen nahmen Achill und mich in die Mitte. Jemand setzte dem Hund seine Mütze auf, und so entstand ein sicher lustiges Gruppenfoto. Die jungen Soldaten bedankten sich herzlich und zogen fröhlich weiter.

In Budapest wurde Achill mit viel Liebe von unserer Mártha und ihrem Lászi empfangen. Da Mártha keine Foxterrier mehr hatte, durfte Achill in der Wohnung frei umherlaufen. Mit großem Vergnügen hielt sich Achill bei unseren ungarischen Freunden des Abends am Abendbrottisch auf, wo er mit guten Happen verwöhnt wurde. Im Zimmer, das uns zur Verfügung stand, blieb Achill auch nicht allein. So mussten wir ihn überallhin mitnehmen. Aus war's mit dem „Pálatinus" auf der Márgitsziget und einem ausgedehnten Stadtbummel. Wir mussten uns Restaurants und auch andere Örtlichkeiten erobern - für unseren Achill - was uns auch gelang. So konnte er überall dabeisein. Das war eine Freude für ihn! Stets aber mussten wir beachten, dass er sich körperlich nicht überanstrengte, was auch für die folgenden Jahre galt. Die „Vad

Rózsa" nahm Achill mit ebenso viel Liebe auf wie Tessi. Es war und blieb fünf Jahre lang der einzige vierbeinige Gast. Zu unserer großen Freude verhielt er sich auch so vornehm, wie es von ihm erwartet wurde. Die temperamentvolle Káthi durfte ihn liebkosen, ohne dass ich so viel Angst vor einer Beißerei haben musste wie bei Tessi. Nur eins durfte, und da war er genauso scharf wie Tessi, nicht geschehen: Katzen durften nicht in sein Blickfeld geraten. An einem wunderschönen Abend, der Garten war voll besetzt, wir saßen beim Essen, sah ich plötzlich eine Katze auf dem Gang entlanglaufen. Ich hörte auf zu speisen und drehte Achills Kopf schnell in eine andere Richtung. Das machte ihn gleich misstrauisch. Was hatte Frauchen wohl zu verbergen? Und da passierte es: Achill zog heftig an seiner Doppelleine, und ich kippte mit dem Sessel nach hinten. Die Leine aber blieb fest in meiner Hand, und Achill, der nun auch laut wurde, konnte der verhassten Katze nicht folgen. Jetzt erst hatten sie den Hund entdeckt. Ich kam schnell wieder auf die Beine. Achill nahm still Platz unterm Tisch, aber die „Vad Rózsa-Mama" musste einige Gäste, die wahrscheinlich nicht zu den Hundefreunden zählten, beruhigen und ihnen wohl erklären, dass wir mit dem Hund Stammgäste aus der DDR sind. Jedenfalls kehrten der Friede und die Gemütlichkeit wieder ein. Mir aber zitterte lange die Hand, wenn ich mein Besteck handhabe. Blaue Flecke blieben noch eine Zeit lang als Erinnerung an das Dilemma zurück.

Im Laufe der Jahre gewannen wir Freunde in Budapest, sehr liebe, interessante Menschen, sowie eine Menge Bekannter. Da wir Achill überallhin mitnehmen mussten, auch wenn wir in die Wohnungen der Freunde und Bekannten eingeladen wurden, wurde die Freundschaft seitens unserer Gastgeber auf die Probe gestellt. Man kann, das sehe ich ja ein, nicht von allen Menschen erwarten, dass sie unsere Tierliebe, insbesondere die Liebe zu Hunden gleichermaßen teilen. Unsere besten Freunde, Mártha und Lászi, waren ja Hundefreunde. János und Clari erduldeten Achill in ihrer Zuneigung zu uns. Lediglich nach Széntendre in das hübsche Wochenendhaus in den Bergen wurden wir sicher wegen Achill nicht mehr eingeladen. Dort hatte er wohl zu oft den Lauf überall gehoben, und außerdem hatte er uns alle einmal in große Angst versetzt. Während wir vier Freunde ein Mittagsschläfchen im Freien hielten, war Achill verschwunden. Mein Mann hörte plötzlich die verzückten Stimmen der ringsumher wohnenden ungarischen Bürger: „aranyos, értkés (goldig, kostbar), szép, (schön) u.a., wie wir sie bezüglich Achills schon unzählige Male vernommen hatten und dachte: ‚Dieser Lobgesang kann doch nur unserem Achill gelten!' Und richtig: Clári hatte das Gartentor nicht richtig geschlossen, und Achill hatte diese Gelegenheit zu einem Ausflug genutzt. Mein Mann und die Freunde liefen suchend den Weg hinaus, während ich in furchtbarer Angst bergab in Richtung Straße eilte. In der Eile hatte ich vergessen, meine Sandalen anzuziehen und lief nun barfuß auf den vielen spitzen Steinen, die mir die Füße blutig ritzten. Ich rief und rief, beim Pfeifen versagte meine Stimme. Ich wusste, er konnte blindlings in ein Fahrzeug laufen, und unten in der Stadt war ein sehr starker Straßenverkehr. Plötzlich sah ich meinen geliebten Teddy aus der entgegengesetzten Richtung kommen. Ein Chow Chow kann eben noch bereitwillig auf einen Befehl oder besser gesagt, inniges Bitten „zu Fuß" kommen, kurz vor dem Ziel abdrehen und seiner Wege gehen, wenn es ihm gefällt. Das hätte in diesem Fall bedeutet, dass wir den Rest des Tages mit oder ohne Erfolg auf die Jagd nach Achill hätten gehen müssen. Darum tat ich das einzige, was Erfolg zu seiner Wiedererlangung versprach: ich kniete mich nieder und breitete weit die Arme aus, wobei ich in den liebevollsten Tönen und Worten lockte. Er lief mir genau in die Arme und drückte sich an mich. Ich umschloss ihn fest. Ich hatte getan, was ein Hund erwartete, wenn er, selbst nach sehr langem Bemühen seines Herrchens oder Frauchens, endlich „zu Fuß" kommt. In einem solchen Moment darf ein Hund nicht ausgeschimpft oder gar geschlagen werden, denn er kommt in Demutshaltung und ist ja auch seitens eines Artgenossen in einer solchen Situation an einen freundlichen Empfang gewöhnt. Das wird von den meisten Hundebesitzern nicht bedacht und stellt einen groben Fehler im Verhalten des Menschen dar, der nicht ohne Folgen bleibt.

In unserem Haus auf dem „Rosenhügel" wohnt ein Ehepaar, das uns schon lange ins Herz geschlossen hatte. Wir wurden eines Tages eingeladen und fürstlich bewirtet. Eine leichte Verlegenheit hatte sich allerdings bei unseren Gastgebern bemerkbar gemacht, als wir Achill mitbrachten. „Er kann ja auf dem Balkon bleiben", meinte Càrli. Aber da kannte er unser Schmuckstück schlecht. ‚Auf dem Balkon? Nein, bei Herrchen und Frauchen wie immer!', schien er zu sagen, als er mit einem protestierenden Murren, das sich zu bösem Gebell steigerte, auf dem Balkon saß. Nichts zu machen! Aber zu meinen Füßen lag er mucksmäuschenstill. Pläne wurden geschmiedet, wohin wir fahren würden usw. Es wurde nichts daraus. Noch einmal waren wir zu Gast bei ihnen, dann blieb es bei freundlichem Grüßen und kurzen Unterhaltungen auf der Straße. Unsere liebe alte Mártha, bei der wir schon zu Lebzeiten ihres Mannes oft zu Gast waren, wollte neuerdings lange vorher wissen, wann wir eintreffen. Als wir mit Achill hinkamen, sahen wir, dass sie alle Läufer und den Teppich zusammengerollt hatte aus Furcht, der Hund könnte sie beschmutzen. So wurden unsere Besuche bei ihr immer seltener, dafür luden wir sie, solange sie gesundheitlich noch einigermaßen auf der Höhe war, zu Autofahrten ein. Auf diese Weise ersparten wir ihr die Mühe mit ihrem Fußbodenbelag und konnten uns sehen und unterhalten. Mit unserer Wágner-Mártha und Lászi fuhren wir in unseren PKW jedes Jahr nach Gödöllö zu Béla, einem pensionierten Tierarzt, und seiner Frau, die dort ein großes Grundstück und ein Gartenhaus besitzen. Mártha, ich und Achill saßen auf dem Rücksitz, und Mártha störte es überhaupt nicht, wenn Achill von einem Schoß zum anderen stieg, denn sein Platz war natürlich sehr karg bemessen, gehörte doch die Sitzbank sonst ihm ganz allein. Der Aufenthalt bei Béla war stets nicht nur für meinen Mann und mich, sondern auch für Achill ein großes Vergnügen. Achill hatte zwar zu Mártha und Lászi guten Kontakt, aber in der Wohnung blieb er nicht bei ihnen, wenn wir nicht dabei waren. So hätten wir sehr gern wie früher die Orgelkonzerte im Máthias-Templom im Burgviertel besucht, aber das ging nun nicht mehr. Einmal, es war im 1. Jahr unseres Urlaubs mit Achill in Budapest, hatten wir Karten für das abendliche Orgelkonzert erstanden und waren mit Achill hinauf zur Kirche gefahren, hatten den Hund ausgiebig ausgeführt und getränkt, ihn dann ins Auto gesetzt, das selbstverständlich im Schatten stand, und auch die Scheiben ein wenig heruntergedreht (ein Hund braucht fünf Mal so viel Sauerstoff wie ein Mensch!). Aber die Hitze wollte nicht weichen, die Sonne ging erst gegen 21.00 Uhr unter. Würde Achill die Wärme aushalten? Außerdem wussten wir, wie lieb die Ungarn zu Hunden sind. Am Ende steckte eine mitleidige Seele wieder eine Eistüte durch den Fensterschlitz, weil sie glaubte, der Hund hätte Durst, wie wir das schon einmal erlebt hatten. Schon strömten die Menschen in die Kirche zum Konzert. Viele standen noch draußen und warteten sehnsüchtig auf Eintrittskarten. Wir wussten, was für ein herrliches Erlebnis ein Orgelkonzert in dieser Kirche ist, hatten wir doch zu Tessis Zeiten schon mehrere Konzerte erleben dürfen. Doch es bedurfte an jenem Abend zwischen uns beiden kaum ein Wort. Wir waren uns einig: die Karten werden verkauft! Das Opfer wollten wir unserem Hund gern bringen. Gesagt, getan. Wir machten drei glücklich: unseren Achill und zwei Touristen. Mit dem Hund kehrten wir nun ungeniert in ein sehr vornehmes (und teures) Gartenrestaurant ein und verlebten dort einen erholsamen Abend. Ich blickte immer wieder auf das Gebäude der Kirche mit etwas Wehmut: aber als ich meinen glücklichen Achill sah, war ich getröstet.

Als Mártha unser Zimmer an ihren geschiedenen Sohn vergab, mussten wir auf den Urlaub in Budapest verzichten, denn wir wollten nicht woanders wohnen. Dort waren wir zu Hause gewesen. Wir entschlossen uns, das Angebot unseres Hotels „Slovan" anzunehmen und den Urlaub künftig dort in Brno zu verbringen. Für Achill mussten die Spaziergänge eingeschränkt werden. So kam uns die Lage des Hotels und eines großen, nahe gelegenen Parks in Brno sehr gelegen. (Als Achill ein Jahr alt gewesen war, hatten wir ihn röntgen lassen. Zwar waren seine Eltern HD-frei, aber das bedeutet nicht, dass auch die Welpen von diesem Leiden verschont geblieben sind. Als uns der Tierarzt die Röntgenaufnahme zeigte und uns sagte, dass Achill schwere HD habe, schaute ich fassungslos auf das Röntgenbild, das schließlich vor meinen Augen zu verschwimmen begann. Schwere HD! Das hätte ich nun nicht erwartet. So war also das mühsame Aufstehen und das schnelle Ermüden nicht nur auf die künstlichen Gelenkbänder zurückzuführen. Also hieß es, große Rücksicht zu nehmen und ihn niemals zu überanstrengen.) Den Weg vom Hotel zum Park schaffte Achill gut, auch, wenn es nicht zu heiß war, mal den Weg in die Stadt oder zum „Spilberk". Schön fand ich die vielen Grünanlagen in Brno, die Achill allzu gern ansteuerte. Niemals regte sich jemand auf, wenn Achill auf den Wiesen seine „Geschäfte" erledigte. Ich sagte es wohl schon, dass auch die Tschechen und Slowaken große Hundefreunde sind. Nun haben wir auch in Brno eine liebe Freundin, die in den ersten Jahren an der Rezeption im „Slovan" gearbeitet hatte. Wir kannten sie bereits zwanzig Jahre. Gern fuhr Járka mit uns spazieren, jedoch konnten wir ihren Wünschen nach großen Ausflügen leider nicht gerecht werden, hatten wir doch auf Achill Rücksicht zu nehmen. Die Freundschaft hat sie uns deshalb nicht gekündigt. Oft trafen wir uns am Stausee Pré-hrada. Zwar durfte Achill dort nicht baden, doch darauf war er auch nicht versessen. Ein schattiger Platz war bald gefunden, wo Achill an einer sehr langen Leine lagern konnte. Mein Mann und ich konnten nicht gemeinsam baden gehen. Das hätte Achill nicht geduldet, aber wir konnten uns ja abwechseln. Natürlich wollte Achill nicht nur so herumliegen, sondern wandern und zwar immer dann, wenn ich mich gerade ein bisschen in die Sonne gelegt hatte, die dort herrlich bräunte. Also hieß es „Sprung auf, Marsch, Marsch!" Er hielt mich immer in Trab. Zuerst, wenn ihm nach Wandern zu Mute war und er das stille Liegen satt hatte, brümmelte er ganz leise. Dann kamen die welpenhaften, kürzer werdenden Klagetöne – ganz zart, und schließlich grollte das löwenhafte Donnern. Wenn ich dann noch immer nicht hörte und mich erhob, wurde er sehr laut. Soweit aber ließ ich es nicht kommen, denn ich wollte nicht, dass die erholungsbedürftigen Menschen in ihrer Ruhe gestört würden. Diese wussten unsere Rücksichtnahme sehr zu schätzen und begegneten uns und

Achill mit herzlicher Freundlichkeit, wenn wir unseren Platz am See einnahmen. Wenn Járka mit von der Partie war, wurde viel gesprochen. Sie redete fast unaufhörlich, glücklich, Gesprächspartner zu haben. Das passte Achill nun ganz und gar nicht, und er forderte uns dann öfter als sonst zum Wandern auf. Im zweiten Jahr unseres Urlaubs in Brno erlebten wir eines Nachts ein sehr schweres Gewitter. Achill rannte voller Angst in dem großen Zimmer umher und flüchtete schließlich in das sehr geräumige Badezimmer. Es war eine schlimme Nacht. Achill versuchte, sich zu verstecken und riss dabei Gegenstände um. Ich gab mir die größte Mühe, ihn zu beruhigen. Einmal um seinetwillen, zum anderen auch fürchtete ich, er, der sich sonst still verhielt, laut werden könnte und die Nachbarn wecken. In meiner Not kniete ich mich nieder zu ihm, als er zwischen der angelehnten Tür und der Badewanne liegen blieb und sprach leise auf ihn ein. Ohne Pause flüsterte ich alles, was mir eben einfiel. Ich hatte nach langer Zeit, ich weiß nicht, wie lange ich so verharrte, tatsächlich Erfolg. Er schlief ein. Doch kaum hörte ich mit dem beruhigenden Sprechen auf, tobte er wieder los. Erst als das Gewitter gegen Morgen aufhörte, legte er sich todmüde zur Ruhe. An diesem Morgen verschlief ich fast das Frühstück und nickte auch am Stausee auf der Wiese mehrmals ein. Im ersten Jahr hatten wir für ein befreundetes Ehepaar aus unserem Heimatort im „Slovan" ein Zimmer reservieren lassen und zwar in der letzten Woche unseres Urlaubs in Brno. Hatten wir uns in den ersten Wochen treiben lassen, so sollte nun, mit Rücksicht auf die Freunde, der Rest unseres Urlaubs doch etwas nach Programm verlaufen, was hinsichtlich unseres Vierbeiners nicht so einfach zu machen war. Ich hatte Achill schon im vergangenen Jahr daran gewöhnt, zur Frühstückszeit im Auto, das bis Mittags stets im Schatten stand, zu verbleiben, sodass wir in Ruhe frühstücken gehen konnten. Abends, nach einem schönen Spaziergang durch den Park, wurde Achill wieder in den Wagen gesetzt, und wir begaben uns ins Hotelrestaurant zum Abendessen. Stets hatte ich mich mit dem Essen beeilt (ein Blick zur Uhr vor Achills „Einquartierung" bis zur „Erlösung" aus dem Auto), einen Leckerbissen vom Tisch nahm ich immer mit, auf den Achill schon mit Spannung wartete. Mit dem Frühstück ging es auch in der letzten Woche schnell, aber das Abendessen währte nun länger als sonst, denn man wollte sich doch auch ein bisschen unterhalten. War jedoch die Zeit für Achills „Befreiung" aus dem Auto gekommen, wurde ich unruhig, entschuldigte mich und eilte hinaus. Achill wusste genau, dass ich ihn holen würde. Wie freute er sich jedes Mal! Die Fenster konnte ich jedes Mal getrost leicht geöffnet lassen. Achill ließ niemanden ans Auto heran. Er und ich warteten vor dem Lift, bis mein Mann und die Freunde eingetroffen waren. Der gemütliche Teil des Abends konnte dann in unserem Zimmer beginnen. Wein und Bier hatten in der Badewanne längst ihr „kühles Bad" genommen, die Freunde waren unsere Gäste, und Achill war bei uns. Es gab natürlich auch Tage, an denen Ausflüge per pedes geplant waren, an denen wir mit Rücksicht auf den Hund nicht teilnehmen konnten. Das Gleiche galt für Autoreisen mit Zielen, die wir durch Achill nicht anstreben konnten, weil er dann stundenlang im Auto hätte bleiben müssen. Eine sehr schöne Fahrt unternahmen wir nach Slávkov. Viele Reisebusse mit Touristen aus verschiedenen Ländern standen dort auf dem Parkplatz. Achill wurde wieder gebührend bewundert, und mein Mann machte sich den Spaß, zu sagen: „Das ist Napoleons Hund!" Herzliches Lachen erklang seitens der fröhlichen Touristen. Mein Mann und unsere Freunde besuchten auch das Museum und das Schloss, zu denen Achill keinen Zutritt hatte. Wir beide saßen im Schatten und warteten geduldig auf die Rückkehr der anderen. Als wir uns alle eine Tüte des köstlichen Eises kauften, erhielt Achill auch ein solches. Er leckte das Eis mit großer Begeisterung, sodass er dabei die Augen verdrehte. Das sah so ulkig aus, dass nicht nur wir herzlich lachen mussten, sondern auch Passanten, die vorbeikamen. Hätten wir den Fotoapparat schussbereit gehabt, wäre dieses Bild eine hübsche Erinnerung geworden.

Diese Eisportion war also für Achill an diesem heißen Sommertag eine willkommene Erfrischung gewesen. Doch Durst brauchte er niemals zu leiden. Schon in Budapest trug ich immer in einem kleinen Netz eine Plasteflasche voll Wasser und ein Trinknäpfchen bei mir. Eher hätte ich sonst etwas vergessen als dieses. Die Straßenpassanten freuten sich immer sehr, wenn Achill im Schatten sein Näpfchen leer trank, denn die ungarischen Bürger sind sehr darauf bedacht, dass sich ein Tier wohl fühlt. Wie oft musste ich mein Fläschchen vorzeigen, wenn sie mich ansprachen und ihr Mitleid mit dem Hund bekundeten. Sogar ein Rendör (Polizist) interessierte sich für die Versorgung des Tieres mit Wasser, als die fast unerträgliche Hitze über der Stadt brannte, und lobte meine Vorsorge. So ähnlich war es auch in Brno. Zwar gibt es dort in den vielen Grünanlagen hübsche Brunnen, aus denen man Wasser schöpfen bzw. den Hund zum Trinken heranführen kann, ich jedoch trug schon aus Gewohnheit mein Netz plus Fläschchen bei mir. Bei Autofahrten führten wir einen Kanister voll Wasser im Auto mit, sodass Achill keine Not zu leiden brauchte.

Durch das viele Streicheln, hauptsächlich wurde davon der Kopf „betroffen", machte es sich notwendig, Achill abends den Kopf feucht abzuwischen, was ihm gut tat. Leider streichelten die lieben Menschen in der Meinung, es richtig zu machen, das Haar nicht gegen den Strich, wie das beim Chow Chow angebracht ist, sodass ich auch seine „Frisur" danach wieder herrichten musste. Dennoch brachte ich es niemals fertig, den Menschen diese Liebkosung zu verwehren, denn ich sah, wie sich die Gesichter vor Freude, den schönen Hund streicheln zu dürfen, geradezu verklärten und wie dankbar und glücklich sie sich dann entfernten. Einmal kam eine Dame, die einen Blinden führte, auf mich zu und bat, den Hund streicheln zu dürfen. Es war rührend zu sehen, wie auch der Blinde nach dem Hund tastete und ihn streichelte. Ich spürte, wie ihn die Berührung mit dem Teddykopf beglückte. Dass diese beiden Menschen Ungarn waren, machte sie mir doppelt sympathisch, außerdem konnte ich mal wieder ein bisschen ungarisch sprechen.

Von Achills Verhältnis zu anderen Hunden sprach ich schon. Die vierbeinigen Nachbarn „Rex" und „Nic" duldete er, da ja, wie ich schon schrieb, ein Zaun zwischen ihnen war, sodass sie sich nicht zu nahe kommen konnten. Auch dass es leider keine Freundschaft mit Katzen gab, erwähnte ich bereits. Geflügelfromm ist Achill keineswegs, und ich bin froh, dass unsere Nachbarn kein Geflügel halten. Jagd macht er auch auf Vögel, zum Glück ohne Erfolg. Ein Igel ist ihm zu meinem Leidwesen ebenfalls schon zum Opfer gefallen. Ich fand einen solchen Unglücklichen an einem Morgen im Garten. Achill, so stellte ich fest, tötet schnell und leidenschaftslos, im Gegensatz zum Schäferhund unseres Nachbarn, der wie eine Katze mit seinem Opfer spielte und laut bellend hinter seiner Beute hinterdrein stürmte, ähnlich wie der Airedaleterrier meines Bruders. Vor zwei Jahren hatte ein Igel großes Glück, nicht Achills Beute zu werden.

Krumpli

Es war Anfang November, als ich, kurz vor Beginn der Dämmerung unterm Badfenster, wo derzeit Achills Futtergestell stand, ein Klappern vernahm. Es rührte von dem Deckel her, mit dem ich Achills Futterschüssel vor den hungrigen Spatzen abzudecken pflegte. Was macht denn Achill mit dem Deckel?, dachte ich und ging hinaus. Da sah ich den Igel. Er hatte beim Verstecken unter dem Gestell auf den Deckel, der darunter lag, getreten und kuschelte sich zusammen. O, da kam auch schon Achill um die Hausecke! Nun hieß es schnell handeln. Ich nahm die leere Schüssel und rollte den stacheligen Gesellen hinein. So, das wäre erstmal geschafft. Gerettet! Als Achill neugierig schnuppernd vor mir stand, trug ich die Schüssel schon in der Hand. Wie nun weiter? Ich wusste, dass alle meine Chows niemals in den Keller hinuntergingen. Also musste ich den Igel dorthin bringen. Eine große Holzkiste war rasch mit trockenem Laub gefüllt und der Igel wurde hineingesetzt. Aber siehe da, nach kurzer Zeit war er wieder herausgeklettert und begann vergnügt, im Keller umherzuwandern. Ich besorgte mir Maisstroh und eine große Menge Laub und richtete dem Burschen (oder Mädchen) eine Ecke zum Winterschlaf ein. Jeden Abend schnitt ich rohes und gekochtes Fleisch in winzige Stückchen, tat alles in ein Schüsselchen und stellte dieses sowie ein zweites, mit Wasser gefülltes, in die Nähe der Behausung des Igels. Am Morgen war das Futterschüsselchen leer. Achill hätte zu gerne gewusst, womit ich mich (und seinem Futter!) dort unten beschäftigte, aber in den Keller getraute er sich trotz der großen Neugier nicht. Überall dort, wo der Igel seine „Geschäfte" verrichtete, legte ich Zeitungspapier hin und streute Sand, sodass das Reinigen der betroffenen Plätze kein Problem war. Ans Schlafen dachte er vorläufig nicht. Lange musste ich ihn füttern. Manchmal fand ich ihn nicht und suchte nach ihm. Schließlich entdeckte ich ihn in der Kiste mit den Einkellerungskartoffeln. Wie konnte er da hineingelangen? Da ich mich in der ganzen Zeit mit Lektüre beschäftigte, in der es um Igel und ihre Winterquartiere ging, fand ich bald des Rätsels Lösung: der Igel hatte sich beim „Klettern" mit Hilfe der Stacheln, die als Stützen dienten, gegen die Wand gedrückt, und mit den Krallen seiner Pfötchen an dem Kistenrand hochgerappelt. Ich rollte ihn wieder in eine Plasteschüssel und brachte ihn zurück in sein Winterquartier. Nachdem er so mehrmals in der Kartoffelkiste verschwunden war, erhielt er seinen Namen: "Krumpli". Das ist, glaube ich, eine österreichisch-ungarische Bezeichnung für Kartoffel. Einmal, als Krumpli wieder in der Schüssel lag und zwar auf dem Rücken, sah ich seine Unterseite, die ich beim Igel noch niemals gesehen hatte. Die vier Beinchen hatte er fest an sich gepresst, sodass nur die niedlichen Füßchen zu sehen waren. Das Köpfchen kuschelte er in sein Stachelkleid, dabei schloss er die Augen nach dem Motto: Seh ich dich nicht, so siehst du mich auch nicht. Damit er sein Schutzverhalten nicht verliert, berührte ich ihn nicht und respektierte auch seine Haltung, wenn er sich sicher versteckt fühlte. Eines Morgens fand ich ihn gar nicht mehr, sein Futter war unangerührt geblieben, und nun stand fest, dass er seinen Winterschlaf begonnen hatte. Trotzdem kontrollierte ich regelmäßig, ob er nicht doch gefressen hatte. Das war aber nun nicht mehr der Fall. Ich freute mich sehr, dass es mir gelungen war, richtig zu handeln und den kleinen Kerl zu retten. Im April war es dann soweit: Krumpli kam aus seinem Quartier und hatte mächtigen Hunger. Er bekam sein Futter wie zuvor. Dann begann er das Zeitungspapier in kleine Schnipsel zu verarbeiten und sich ein neues Lager einzurichten. Da war nun der Augenblick gekommen, Abschied von dem lieben Hausbewohner zu nehmen. Schweren Herzens richtete ich die große Holzkiste für seinen Transport her, indem ich sie mit Stroh füllte und aus feinem Maschendraht eine Decke darüber nagelte. Wir mussten Krumpli eine Weile suchen, bis wir ihn endlich unter der Kartoffelkiste fanden, wohin er auch schon Papier geschleppt hatte. Ich setzte ihn in seine Transportkiste und stellte diese in den Kofferraum des Autos. Wir konnten ihn ja nicht im Garten aussetzen, weil drei Hunde auf den Grundstücken zu Hause waren, die ihn verfolgt und getötet hätten. Wir fuhren einige Kilometer weit, bis wir auf einen Weg im Mischwald anhielten. Er hatte die Fahrt sehr gut überstanden und schaute uns fröhlich an. Nun hieß es: „Tschüss, mach´s gut, Krumpli, lieber, kleiner Krumpli!" Ich trug die Kiste mit Krumpli in den Wald und wollte ihn rauskippen. Er aber wollte sie nicht verlassen. Endlich tappte er raus, blieb einen Moment stehen, den ich nutzte, um ihm das Gesicht zu streicheln. „Machs gut! Lass dich nicht überfahren, mein Krumpli!" flüsterte ich und weinte, als er langsam, ganz vorsichtig mit seinen niedlichen Leder-Beinchen durchs Preiselbeerkraut davonstapfte. Mein Krumpli! Ich hätte nicht gedacht, dass mir der Abschied von dem kleinen Mieter so schwer fallen würde.

Noch heute erinnere ich mich an ihn und bin sehr froh, dass es mir gelungen war, diesen Igel gerettet zu haben. Umso mehr schmerzt es mich zu sehen, wie viele der unter Naturschutz stehenden stachligen Kerlchen auf den Straßen ums Leben kommen. Ich bin sicher, dass ein großer Teil von ihnen auf seiner Wanderung die rettende Wiese oder den Wald auf der anderen Straßenseite erreicht hätte, wenn die Fahrzeugführer aufmerksamer und rücksichtsvoller gefahren wären. Das dies in den meisten Fällen durchaus möglich sein kann, haben mein Mann als Autofahrer und ich oft genug erlebt.

„Ich bin Leben, das leben will inmitten von Leben, das leben will." Das ist ein Satz von Albert Schweitzer, der damit seine Lebensanschauung offenbarte. Er war es auch, der sich zu dem Thema „Tierversuche", das mich oft sehr beschäftigt, äußerte:

„Diejenigen, die an Tieren Operationen oder Medikamente versuchen oder ihnen Krankheiten einimpfen, um mit den gewonnenen Resultaten Menschen Hilfe zu bringen, dürfen sich nie allgemein dabei beruhigen, dass ihr grausames Tun einen wertvollen Zweck verfolge. In jeden einzelnen Fall müssen sie erwogen haben, ob wirklich Notwendigkeit vorliegt, einem Tier diese Opfer für die Menschheit aufzuerlegen. Und ängstlich müssen sie darum besorgt sein, das Weh, so viel sie nur können, zu mildern. Wie viel wird in wissenschaftlichen Instituten durch versäumte Narkose, die man der Zeit- und Müheersparnis halber unterlässt, gefrevelt! Wie viel auch dadurch, dass Tiere der Qual unterworfen werden, nur um Studenten allgemein bekannte Phänomene zu demonstrieren! Gerade dadurch, dass das Tier als Versuchstier in seinem Schmerze so unendlich viel für den leidenden Menschen erduldet hat, ist ein neues, einzigartiges Solidaritätsverhältnis zwischen ihm und uns geschaffen worden. Ein Zwang, aller Kreatur alles irgend mögliche Gute anzutun, ergibt sich daraus für jeden von uns." (Kultur und Ethik)

Ich habe mich immer bemüht, meine Schüler zur Liebe zum Tier, zur Achtung vor dem Leben zu erziehen. Das war für mich eine Mission. Ich ließ meine Schüler auch teilhaben an meinen Erlebnissen mit meinen Hunden und anderen Tieren. Noch heute, obwohl ich schon zwei Jahre Rentnerin bin, fragen sie nach Achill, brachten mir beispielsweise eine Amsel, die sie in verletztem Zustand gefunden hatten in der Hoffnung: „Frau Siegert kann ihr bestimmt helfen." Mehrere Pioniernachmittage gestaltete ich über meine Hundeausstellungen mit großem Erfolg. Natürlich brachte ich dazu alle Schnuren, Erinnerungsplaketten, Urkunden, Beurteilungen, Kataloge, Wimpel und Preise mit. Das Staunen und vor allem die vielen Fragen wollten dann kein Ende nehmen. Eine Schülerin schrieb über einen solchen Gruppennachmittag einen Bericht, der im Mitteilungsblatt des VKSK „Spezialzuchtgemeinschaft Chow Chow Züchter" Nr. 1/1983 veröffentlicht wurde:

Ein besonderer Pioniernachmittag

Am 02.09.1982 gestalteten wir mit unserer Klassenlehrerin, Frau Siegert, einen besonderen Pioniernachmittag. Frau Siegert berichtete über ihre beiden Chow Chows, der roten „Quan-Zhi-Wang A-Phong", die vor einem Jahr im Alter von 13 Jahren und 7 Monaten gestorben ist und von ihrem jungen blauen „Achill von Gyn-Kerameia".
Sie ist Mitglied der Cottbuser Sparte Chow Chow und hat bisher 22 Ausstellungen mitgemacht. „A-Phong" erhielt viele Male die Note „V" (vorzüglich) und wurde 10 Mal Altersbeste. In Polen hatte sie eine Silbermedaille erhalten. Achill bestritt bisher 4 Ausstellungen und wurde zu ihrer größten Freude 1982 Jugendbester der Hauptstadt der DDR. Ganz stolz zeigte uns Frau Siegert den Wimpel aus Berlin. Sie hatte an diesem Tage alle Urkunden, Kataloge, Ehrenpreise, Medaillen, Plaketten sowie viele Fotos ausgestellt. So etwas hatten wir noch nie gesehen. Frau Siegert erzählte uns, wie viel Zeit sie ihren Hunden geschenkt hatte, wie sie gefüttert und gebürstet werden mussten, dass trotz ständigem Auslauf im großen Garten am Haus auch Spaziergänge, und zwar täglich, unternommen werden müssen. Wir hätten nie gedacht, dass ein Hund so viel Arbeit macht. Von Achill erzählte uns unsere Lehrerin, dass er drei Mal gefrühstückt habe, bevor sie einmal dazugekommen sei. Dass ein Hund auch Zahntabletten bekommen muss, hatten wir nicht gewusst.
Frau Siegert erklärte uns ganz genau, wie es auf einer Ausstellung zugeht, dass sie das Laufen im Kreis und das Zähnezeigen täglich mit Achill üben muss und dass sie immer sehr, sehr aufgeregt ist. Am Schluss freut sie sich ganz toll über die Beurteilung. Viel Freude hat sie aber nicht nur daran, sondern auch an den vielen Menschen, die ihren Hund anschauen und Fragen stellen. Auch wir hatten so viele Fragen an diesem Nachmittag, dass es nicht möglich war, alle zu beantworten. Frau Siegert meinte, wenn eine Ausstellung in Cottbus wäre, sollten wir unsere Eltern bitten, mit ihnen dahin zu gehen. Zum Schluss erfuhren wir auch, und wir begriffen, dass ein

Tier kein Spielzeug ist und dass jeder, der sich einen Hund anschafft oder anschaffen will, wissen muss, dass er ein neues Familienmitglied ins Haus bringt, für das er als Mensch verantwortlich ist.

Hundeausstellungen

Ja, sie waren einmal mein liebstes Hobby, und ich ließ nach Möglichkeit keine aus, wenn sie nicht gerade im Norden unserer Republik, also zu weit von Weißwasser entfernt stattfanden. Es war ja gar nicht so einfach, ein Hotelzimmer für eine Übernachtung zu bekommen, noch dazu mit Hund. Freilich wurde uns Ausstellern oft angeboten, dem Hund über Nacht in der Ausstellungshalle ein Übernachtungsplätzchen anzuweisen. Das aber wollte ich meinen Chows, die in so engem Kontakt mit uns zu leben gewohnt waren, nicht antun. Wie ich bereits erwähnte, stellte ich Tessi 18 Mal und Achill 10 Mal aus. Ausstellungsorte waren meistens Berlin-Biesdorf, Berlin-Karlshorst, Dresden, Leipzig, Erfurt, Karl Marx-Stadt, Cottbus, Finsterwalde und einmal stellte ich Tessi in der damaligen Volksrepublik Polen in Jelenia Gora aus. Die meisten dieser Ausstellungen waren mit Erfolg gekrönt. So erhielt Tessi in Jelenia Gora eine Silbermedaille, und ich war damals enttäuscht, dass es nicht die Goldene geworden war. Es war ein glutheißer Junitag. Die Ausstellung fand im großen Sportstadion statt. Außer für die Richter und ihre Mitarbeiter, die sich einen Sonnenschirm aufgespannt hatten, gab es keinen Schatten. Die vielen Zuschauer, die begeistert auf den Bänken saßen, hatten Schirme aufgespannt, manche hatten sich ein schützendes Tüchlein über den Kopf geknüpft. Ein international bekannter Richter hatte hier im Stadion „das Sagen". Im Nu waren wir nur noch zwei, deren Hunde seinem strengen Urteil unterzogen werden sollten. Jetzt ging es nur noch um Gold oder Silber. Die andere Hündin, die erst vor kurzer Zeit geworfen hatte, war sehr ruhig und lief und stand, wie es von ihr verlangt wurde. Auch Tessi tat anfangs, was zu tun war. Der Richter wollte Tessi immer wieder laufen sehen. „Nicht Sie sollen laufen, sondern der Hund!" sagte er zu mir. Ich gab mir die größte Mühe, Tessi wie an einer Longe zu führen. Plötzlich, wie ich es von Tessi kannte, bekam sie ihren Rappel. Sie hatte das ganze Theater bei der Hitze satt. Ungeduldig strebte sie nun nur noch Richtung Herrchen, das weit entfernt auf der Bank saß. Ich wusste, dass sie jetzt weniger als ein durchgehendes Pferd zu halten war. Sie lief ganz schräg, lief über meine Füße, als ich die Leine kurz nahm, um sie besser beherrschen zu können. Sie war an meinen Strümpfen mit ihren Krallen hängen geblieben und so liefen die Maschen um die Wette, und mir lief der Schweiß ins Gesicht. ‚Aus!' dachte ich verzweifelt. „Pòdagra", meinte der Richter, er hatte entdeckt, dass Tessi, bedingt durch die Überbelastung des mit HD behafteten Laufes, nicht vorschriftsmäßig ging. Tränen und Schweißtropfen bedeckten meine Wangen. Und dann hielt ich sie in der Hand: die Silbermedaille. Ich hatte, als ich die Konkurrentin gesehen hatte, so stark mit der Goldmedaille gerechnet, dass ich traurig den Platz verließ. Wären nicht die vielen tierlieben polnischen Bürger gewesen, die Tessi streichelten und sie mit der vielbewunderten Silbermedaille fotografierten, ich hätte, da ich nervlich ziemlich angeschlagen war, sicher erstmal richtig losgeheult.

In der DDR gab es keine Medaillen, sondern Schnüre in verschiedenen Farben, die die Prädikate bezeichnen:

Rosa	= Nachwuchs- bzw. Jüngstenklasse
Blau	= vorzüglich
Rot	= sehr gut
Grün	= gut
Weiß/Silber	= Sieger der Klasse
Gelb/Gold	= Sieger der Ausstellung

Dazu erhält jeder Aussteller eine Erinnerungsplakette. Selten erhielt Tessi die rote Schnur, dreizehn Mal die blaue, mehrere Male (in ihrer Altersklasse) die weiße, dazu 12 Urkunden und

Wimpel als Altersbeste, ein Mal bekam sie den Wimpel „Beste der Hauptstadt Berlin".

Gern hätte ich mit meiner so hoch dekorierten Tessi auch mal auf dem Siegerpodest gestanden, und ich hatte keine Ahnung, dass sie in Dresden als DDR-Sieger gekürt worden war. Das erfuhr ich erst in einer Spartenversammlung, als man mir die Siegerplakette überreichte, sowie aus dem Mitteilungsblatt und aus der Zeitschrift „Der Hund", wo sie als Siegerin gelobt wurde. Sogar Anwartschaft auf das Championat sollte sie laut Presse erworben haben. Wie das möglich war, dass ich das nicht in Dresden erfuhr, ist mir noch heute ein Rätsel. Tessis letzte Ausstellung fand in Cottbus statt. Sie war damals schon 13 Jahre alt und noch immer bildschön. Auch hier war ich enttäuscht, dass angeblich die Altersbesten nicht besonders geehrt wurden. Aber gern denke ich an die Biesdorfer Ausstellungen zurück, die stets am ersten Sonntag im Mai jedes Jahres stattfanden, hervorragend organisiert waren und zur Freude der Tiere, der Aussteller und der vielen, vielen Besucher unter freiem Himmel im Schlosspark stattfand. Hier wurde Tessi, als ich den Ring mit ihr betrat, sie war ja in der Altersklasse meistens „solo", von der „Aktuellen Kamera" ins Visier genommen. Drei Mal war sie im 1. Programm des DDR-Fernsehens zu sehen. Zwei Mal, davon einmal als Tele-Lotto-Beitrag, hatte ich das Glück , sie auch zu sehen - meine schöne, meine gute, geliebte Tessi!

Die 1. Ausstellung von Achill fand in Berlin-Karlshorst statt. "Die Schau der blauen Zungen" begann gleich mit einer Enttäuschung. Achill, der zu dieser Zeit sein allerschönstes Haarkleid hatte, durch seinen prächtigen Kopf auffiel und sich sehr brav im Ring bewegte oder besser gesagt, eine sehr gute Ringdisziplin zeigte, kam mit einem schwarzen Jugendlichen ins Stechen um den „Jugendbesten". Zu dem Zeitpunkt hatten sich am Ring der Jugendklasse sehr viele Zuschauer eingefunden. Der Richter schien sich nicht so ohne weiteres entscheiden zu können zwischen den beiden. Darum suchte er nach Fehlern, die ihm die Entscheidung erleichtern helfen sollten. Achill, der an diesem Tag schon viel gelaufen war und auch lange im Ring gestanden hatte, stützte sich leicht mit den Hinterläufen, um besseren Halt beim Gehen zu haben. Und siehe da! Schon war ein Fehler gefunden. Alle Pracht zählte nicht gegenüber diesem. Das Publikum hielt, so schien es, den Atem an. Als das Urteil fiel: Jugendbester – der schwarze Chow Chow, ging ein einstimmiges Murren durch die Menschenmenge, wie ich es noch niemals bei einer Ausstellung vernommen hatte. Ich war sauer, das kann man sich gut vorstellen. Aber das Urteil des Richters ist nicht anfechtbar, und das Publikum hat nun schon gleich gar nicht mitzureden. Als ich später seine Urkunde holte, sagte jemand vom Ausstellungskollektiv durchs Mikrofon: „Da kommt ja der schöne Blaue, von dem wir schon gehört haben!" An meinem Gesicht aber war abzulesen, dass Achill kein Glück gehabt hatte. Dennoch gab ich nicht auf. Noch war Achill ein Jugendlicher, der den Titel erringen konnte. In Berlin-Biesdorf war es dann auch so weit: Achill erhielt den begehrten Titel: er wurde zu meiner großen Freude „Jugendbester der Hauptstadt der DDR, Berlin. Strahlend nahm ich den Wimpel in Empfang. So konnte Achill auch zur Vorstellung der Besten am Nachmittag auf der Tribüne erscheinen. Ich freute mich, wie zu Tessis Zeiten, immer wieder besonders über die vielen Besucher, die mit Kind und Kegel kamen und so viel Interesse an den Tieren zeigten. Gern gab ich immer wieder Auskunft über Achill, über die Chow Chows. Schließlich war ich ja mit meinem Hund nicht nur dort, um ihn von einem Richter beurteilen zu lassen, sondern um ihn den Besuchern zu zeigen. Ich war ja auch keine Züchterin, der es sehr um die Bewertung des Tieres ging, damit dann auch das Geschäft mit den Welpen florierte. Manchmal wurde ich gefragt, warum ich all die Belastungen der Ausstellungen auf mich nähme und mich so in Unkosten stürze (meistens übernachteten wir ja auch im Hotel), wenn ich doch nicht züchte. „Aus Freude an der Sache, aus Liebe zu den Menschen, die die Ausstellung besuchen, zu den Tieren und um die Gelegenheit zu nutzen, recht viele Menschen mit dem Chow Chow bekannt zu machen." antwortete ich. Es kam auch vor, dass ich Interessenten zu einem Chow-Welpen verhalf, indem ich ihnen Hinweise gab, an wen sie sich betreffs des Kaufes wenden konnten. Ein Jahr später durfte ich dann den Liebling der Familie bewundern, wenn wieder Ausstellung in Berlin-Biesdorf war. Bei den letzten Ausstellungen, die ich mit Achill bestritt, protestierte er schon beim Verlassen des Autos gegen die Ausstellung. Fand die Ausstellung in Hallen statt, schallte sein ärgerliches Bellen besonders laut, sodass ich mich, auch im Winter, lieber außerhalb der Hallen aufhielt, bis ich an der Reihe war mit seiner Vorstellung. Er wurde nervös und ungeduldig, wenn er in den Ring musste. Dabei verfärbte sich seine blaue Zunge in ein helles Violett, was ihm nicht gerade zum Vorteil gereichte. Im Freien war er etwas friedlicher. Er war zufrieden, wenn er auf der Wiese umherspazieren durfte, die als Ring für die Besucher abgegrenzt war. Achill nahm es dann auch nicht übel, wenn er vor seinem Auftritt bei Regenschauern unter ca. 3 Regenschirmen liegen und warten musste, während mein Mann und ich unbeschirmt buchstäblich im Wasser saßen, das sich auf den Sitzen unserer Campingstühle angesammelt hatte. Hauptsache, Achill wurde nicht nass, denn ein nasser Chow Chow kann schwerlich bewertet werden. Als im Winter die Ausstellung in Berlin-Karlshorst, die letzte „Schau der blauen Zungen", die ich mitmachte, stattfand, war Achill mal wieder sehr schlechter Stimmung, denn die Ausstellung fand in einer Halle statt. Gegen Mittag war Achill zur Beurteilung an der Reihe. Der Richter wollte das Gebiss und den Biss sehen. Stets hatte ich das Zeigen des Gebisses mit Achill geübt. Das klappte auch noch so einigermaßen an diesem Tage. Aber als Achill den Biss zeigen sollte, zog er die Zunge nicht ein, während ich mich bemühte, die Kiefer zusammenzupressen. Wohin aber mit der Zunge? Achill wurde immer aufgeregter. Seine Augen funkelten schon böse. Der Richter ließ nicht locker und empfahl mir, mit Achill, der wieder „solo" war, hin und her zu laufen, damit er sich beruhige. Aber da kannte er den Chow Chow schlecht: von Beruhigung konnte keine Rede sein! Wäre ich doch aus dem Ring gegangen meinem Achill zuliebe! Immer mehr Zuschauer sammelten sich an, um das „Schauspiel" zu sehen. Und dann kam, was kommen musste: Achill biss herzhaft zu, als er sich so gequält sah. Es war meine Hand, die er blutig biss, es hätte auch die Hand des Richters

sein können! „Ein Hund, der sein eigenes Frauchen beißt!"
höhnte der Richter. Nun, ich wischte meine Hand am Ta-
schentuch ab, nahm die rote Schnur (sehr gut) und verschwand
mit meinem Achill, dessen lang heraushängende Zunge nun
schon ganz hell war von der großen Aufregung. Wer geglaubt
hatte, ich würde meinen Hund noch schelten oder gar schlagen, wurde enttäuscht. Achill und ich kennen uns. Wie um
Verzeihung bittend leckte er meine verletzte Hand. „Jó van, Jó
van." Beruhigte ich ihn. Das ist ungarisch und heißt: es ist gut,
es ist gut!" Und das klingt so zärtlich wie kaum in einer anderen Sprache. Ein allerletztes Mal, das 10. Mal, wagte ich, mit
der Bürste und nun mit einem Zahnschein in der Hand, eine
Ausstellung im Mai in Berlin-Biesdorf. Als ich endlich an der
Reihe war, der schönste Schwarze stand schon zum Stechen
mit Achill bereit im Ring, und ich mit Achill unter der Absper-
rung durchkroch, rief die Richterin: „Du hast ja Flecken auf
der Zunge!" (Die Zunge war bei unserem Blauen an wenigen
Stellen nicht ganz durchgefärbt.) Da hätte ich eigentlich gleich
umdrehen müssen, ahnte ich doch, was kommen würde. Der
andere war wohl schon mit zwei Pfoten auf dem Thron des
Siegers, und nun kam mein Achill noch in den Ring. Kurz und
gut. Achill erhielt zwar eine gute Beurteilung, aber das Zun-
genpigment und das hackenenge Gehen der hinteren Läufe
wurden beanstandet. Diesmal wartete ich nicht das Ende ab,
sondern verschwand mit meinem Guten aus dem Ring.
Mochte doch siegen, wer wollte! Schluss mit der Quälerei!
Schluss mit dem einstmals so geliebten Hobby!
Zwei Mal kamen sehr liebe und hübsch gestaltete Einladungen
zur Ausstellung aus Mlada Boleslav, der Tschechoslowakei.
Die Betreffenden hatten sicher das Foto von Achill in der
Zeitschrift „Der Hund" gesehen. Aber ich blieb meinem Vor-
satz treu: Keine Ausstellung mehr.
Achill ist jetzt leider schon 7 Jahre alt, hat also mindestens die
Hälfte seines Lebens hinter sich. Ich will alles tun, damit ich
ihn so lange wie möglich um mich haben kann, bin bereit,
Opfer zu bringen, bin mir zeitlebens bewusst, dass ich die
volle Verantwortung für ihn habe, für ihn, den ich mir vertraut
gemacht habe. Das gilt auch für meinen jungen Wellensittich,

für das Amselpaar, das vertrauensvoll sein Nest nahe der Haustür gebaut hat und nun die Jungen füttert, ohne Furcht, von uns gestört zu werden und für die Spatzen und alle anderen Vögel, die sich an und in der Schüssel voll Wasser tummeln, die ich ihnen als Tränke in den Garten gestellt habe, ja sogar für die Wespen, die ihr kunstvolles Nest am Garagentor gebaut hatten und niemals jemanden von uns Hausbewohnern stachen. Ich glaube, es gibt keine schmerzhaftere Enttäuschung als zerstörtes Vertrauen. Vertrauen ist die Basis für Liebe, Freundschaft, für das Leben. Wir Menschen alle sind zeitlebens verantwortlich auch für die Blumen, die Bäume, für die Natur, die uns leben hilft, die uns mit ihrer Schönheit beglückt, für unsere gefährdete Umwelt. Jeder von uns hat in seinem Leben seinen Beitrag dazu zu leisten, dessen muss er sich bewusst sein, bewusst werden. Und jeder Mensch hat dazu die Gelegenheit. In seinen eigenen vier Wänden sollte er damit beginnen und bedenken, was Antoine de Saint- Exupery seinen Fuchs sagen lässt: „... wenn du mich zähmst, wird mein Leben wie durchsonnt sein. Ich werde den Klang deines Schrittes kennen, der sich von allen anderen unterscheidet. Die anderen Schritte jagen mich unter die Erde. Der deine wird mich wie Musik aus dem Bau locken."... „Oh, es wird wunderbar sein, wenn du mich einmal gezähmt hast!" ... Der Fuchs verstummte und schaute den Prinzen lange an: „Bitte ... zähme mich!" sagte er. So machte denn der kleine Prinz den Fuchs mit sich vertraut.

Zehn Bitten eines Hundes an die Menschen

1. Mein Leben dauert 10-15 Jahre. Jede Trennung von Dir bedeutet Leiden. Bedenke es, ehe Du mich anschaffst.

2. Pflanze Vertrauen in mich – ich lebe davon.

3. Sprich mit mir, auch wenn ich Deine Worte nicht ganz verstehe, so doch die Stimme, die sich an mich wendet.

4. Bedenke, ehe Du mich schlägst, dass meine Kiefer mit Leichtigkeit die Knöchel Deiner Hand zerquetschen könnten, aber ich keinen Gebrauch davon mache.

5. Gib mir Zeit zu verstehen, was Du von mir verlangst.

6. Zürne mir nicht oder sperr mich nicht zur Strafe ein! Du hast Deine Arbeit – Dein Vergnügen – Deine Freunde - ich habe nur Dich!

7. Wisse, wie immer an mir gehandelt wird, ich vergesse nie!

8. Ehe Du mich bei der Arbeit schiltst, bockig oder faul nennst, bedenke: Vielleicht plagt mich ungeeignetes Futter, vielleicht war ich zu lange in der Sonne oder ich habe ein verbrauchtes Herz.

9. Kümmere Dich um mich, wenn ich alt werde – auch Du wirst einmal alt sein!

10. Geh jeden schweren Gang mit mir. Sage nie: „Ich kann so etwas nicht sehen" oder „Es soll in meiner Abwesenheit geschehen."

Alles ist leichter für mich mit Dir!

Quellenverzeichnis:

Mitteilungsblatt des VKSK,
Spezialzuchtgemeinschaft Chow Chow Züchter, Nr.
1/1983

„Der kleine Prinz" v. Antoine de Saint Exupery
Karl-Rauch-Verlag, Düsseldorf, Herbst 1952

Brief des Schriftstellers Paul Eipper – Privatbesitz

„Bruder Tier" – Evang. Verlagsanstalt Berlin, 1961

„Internationale Hunderevue" 1968, IV. Jahrgang